西南大学工商管理学科建设系列丛书（第一辑）

媒体报道与市场反应

——基于互联网媒体的经验证据

刘向强◎著

中国财经出版传媒集团
中国财政经济出版社

图书在版编目（CIP）数据

媒体报道与市场反应：基于互联网媒体的经验证据/刘向强著. —北京：中国财政经济出版社，2018. 4
（西南大学工商管理学科建设系列丛书. 第一辑）
ISBN 978 - 7 - 5095 - 8174 - 2

Ⅰ. ①媒…　Ⅱ. ①刘…　Ⅲ. ①互联网络 - 传播媒介 - 应用 - 市场信息 - 研究　Ⅳ. ①G206. 2 ②F 713. 51

中国版本图书馆 CIP 数据核字（2018）第 061517 号

责任编辑：钱红叶　　　　责任校对：黄亚青

中国财政经济出版社 出版
URL：http：//ckfz. cfeph. cn
E - mail：cfeph@ cfeph. cn

社址：北京市海淀区阜成路甲 28 号　邮政编码：100142
营销中心电话：010 - 88191537
天猫网店：中国财政经济出版社旗舰店
网址：https：//zgczjjcbs. tmall. com
北京财经印刷厂印刷　各地新华书店经销
880 × 1230 毫米　32 开　5. 25 印张　120 000 字
2018 年 6 月第 1 版　2018 年 6 月北京第 1 次印刷
定价：30. 00 元
ISBN 978 - 7 - 5095 - 8174 - 2
（图书出现印装问题，本社负责调换）
本社质量投诉电话：010 - 88190744
打击盗版举报热线：010 - 88191661　QQ：2242791300

前 言

资本市场信息效率体现为股票价格对信息的反应程度。通常认为，股票价格对信息的反映越及时、越充分，资本市场信息效率就越高。信息经济学认为，价格作为一种反映资源稀缺性和资源利用效率的信号，是引导市场实现资源合理配置的基本工具。资本市场本质上是一种信息市场，股票价格涨跌反映了信息的变化。随着信息效率的提高，股票价格才能更好地发挥信号作用，实现资本市场最基本的功能——引导资源实现合理配置。然而，由于资本市场普遍存在信息不对称的问题，导致股票价格往往不能很好地反映企业的基本面信息，从而削弱了资本市场的资源配置功能。因此，如何提高市场信息效率不仅是资本市场发展面临的难题，也是资本市场理论研究的核心问题。

长期以来，新闻媒体作为资本市场重要的信息中介，被认为有助于降低信息不对称程度，能够促进市场信息效率的提高。一方面，资本市场很自然地吸引了新闻媒体，因为资本市场股票价格的每日变化，可以为媒体持续提供新闻素材（席勒，2007）。另一方面，无论股票价格反映了公司基本面信息，还是对公司未来盈利水平和发展能力的预期，这些因素都是通过信息的方式传递给投资者，形成他们对上市公司的认知，最终作用于股票价格。新闻媒体通过信息的搜集、整理、加工和传播，在资本市场中扮演着重要的信息中介的角色，是投资者获取信息的重要途径之一。2009年，深圳证券交易所针对个人投资者进行调研，发现分别有82.9%、62.8%和49%的个人投资者主要通过网站、报纸和电视等途径获取投资信息或投资技巧；有42.9%的投资者认为在进行投资决策时会参考媒体股评或者财经节目的观点和意见，超过25%的个体投资者甚至将网络搜索上市公司名称作为了解上市公司的渠道。然而，面对"投机性泡沫"以及市场过度波动等问题，新闻媒体在资本市场中的作用也引起了人们的质疑。人们认为在媒体观点的影响和煽动下，会进一步加剧投资者的非理性决策，进而降低了市场信息效率。

在瞬息万变的资本市场中，股票价格的波动不仅反映公司基本面信息的变化，还会受到政治、经济、技术和法律等多方面因素的影响。因此，投资者获得信息的速度越快、有价值的信息越多，获利的机会就越大，因而投资者非常注重信息的及时性和准确性。与传统纸质媒体相比，互联网媒体的信息更新和传播的速度更快；其次，互联网等新兴媒体为投资者提供了交流互动的平台，丰富的信息资源可以进一步提高市场的信息效率。根据中国互联网络信息中心发布第37次《中国互联网络发展状况统计报告》的数据显示，截至2015年12月，我国互联网网民规模达6.88亿，互联网普及率达到50.3%，青年一代更是将互联网媒体作为其获取信息最重要的渠道。那么，互联网媒体的广泛关注和宣传会对上市公司，特别是对上市公司在资本市场中表现产生什么样的影响？

为考察互联网媒体在资本市场中的作用，本书选用51家国内主流互联网媒体关于中国A股上市公司的新闻报道数据，从媒体报道数量和媒体报道语气两个层面，结合信息不对称、投资者认知和投资者有限注意力等理论，深入研究投资者对互联网媒体报道信息的反应。具体而言，本书主要研究以下三个问题：

(1) 互联网媒体报道数量是否会影响股票的横截面收益。(2) 互联网媒体的新闻报道语气是否会影响股票的横截面收益。(3) 如果有影响，那么市场上不同类型的投资者，即机构投资者和个人投资者对新闻媒体的报道数量及报道语气的反应程度是否存在差异。

根据上述研究问题，本书共分为6章，各章主要内容安排如下：第1章为导论，主要包括选题背景、研究问题、核心概念、研究思路、研究内容及研究创新等几方面内容，并对本书的内容结构做简要阐述。第2章为文献综述，本章主要对传统资产定价理论、行为金融资产定价理论，以及媒体报道与市场反应等领域的相关文献进行梳理和述评。通过对上述文献的全面回顾和梳理，找出现有文献存在的不足，为本书的研究主题和研究内容寻找切入点。第3章以新闻报道数量作为媒体信息的替代指标，研究媒体信息是否会影响横截面股票收益，并基于"投资者认知假说"和"过度关注弱势假说"视角，检验媒体效应（Media effect）产生的原因。第4章研究媒体语气与横截面股票收益的关系，并进一步探讨媒体语气是通过影响投资者情绪，还是通过向投资者传递与上市公司会计业绩相关的信息，最终作用于股票价格。第5章探讨不同类型投资者，即机构投资者和个人投资者对媒体信息的反应程度。根据机构投资者持股比例，将市场参与者划分为机构投资者和个人投资者，分别从媒体报道数量和媒体报道语气两个层面，探讨不同类型投资者对媒体信息的反应程度。第6章为本书的结束语，首先总结了本书的研究结论，以及根据研究结论得到一些启示；其次阐述本研究的局限性及存在的不足之处；最后指出了未来的研究方向。

本书的理论贡献主要体现在以下三个方面：(1) 丰富了媒体报道与资本市场的研究文献。已有文献为资本市场中的媒体效应提供了“投资者认知假说”和“过度关注弱势假说”两种理论解释。然而，已有文献仅基于“投资者认知假说”视角，实证检验了媒体效应产生的原因（Fang 和 Peress，2009）；关于“过度关注弱势假说”的验证仅仅停留在推测阶段，并没有提供严谨的理论模型或直接的经验证据（饶育蕾等，2010），或是对“过度关注弱势假说”的检验不够深入（张雅慧等，2011）。本书分别从“投资者认知假说”和“过度关注弱势假说”两个视角，检验了媒体效应产生的原因，为现有理论提供了增量的经验证据。(2) 拓展了媒体报道与资本市场相关文献的研究视野。已有文献主要研究媒体报道数量对横截面股票收益率的影响（Fang 和 Peress，2009；饶育蕾等，2010），或是研究媒体语气对大盘指数的影响（Tetlock，2007；Garcia，2013）。与已有文献只关注媒体报道数量或市场层面的信息不同，本书聚焦于公司层面的媒体信息，探究媒体语气对横截面股票收益的影响，拓展了媒体报道与资本市场相关文献的研究视野。(3) 丰富了机构投资者与市场信息效率的研究文献。已有文献基于机构投资者交易行为视角，研究机构投资者与个人投资者对媒体信息的反应，发现机构投资者在提高市场信息效率方面发挥了更加积极的作用（谭松涛等，2014）。与已有文献不同，本书基于机构投资者持股视角，探讨不同类型投资者对媒体信息的反应，对机构投资者是否增进了市场信息效率提供了新的经验证据。

除上述理论贡献之外，本书还具有重要的实践意义：(1) 有助于监管部门有针对性地关注舆论导向，引导互联网媒体充分发挥信息中介的功能，提高资本市场定价效率。(2) 有助于上市公司更好地运用互联网媒体向市场参与者传递公司基本面信息，缓解公司与投资者之间的信息不对称程度，提高公司价值。(3) 有助于投资者更理性地看待媒体报道信息。媒体作为资本市场的信息中介，是投资者获取信息的重要渠道。我国资本市场还处于发展初期，个体投资者比例较高、投资经验相对不足。本书研究成果有助于投资者充分挖掘有效信息，以获取更高的投资收益。

根据上述研究脉络，本书研究发现：（1）互联网媒体报道数量会影响横截面股票收益，未被媒体报道的投资组合收益率显著高于媒体关注高的投资组合的收益率。进一步研究表明，“投资者认知假说”能更好地解释媒体效应，“过度关注交易假说”并不成立。（2）互联网媒体报道语气同样会影响横截面股票收益，媒体正面报道的投资组合收益率显著高于媒体负面报道投资组合的收益率。进一步研究表明，媒体报道语气能够向市场参与者提供与上市公司会计业绩相关的信息。（3）机构投资者与个人投资者对媒体信息的反应程度不同。与机构投资者相比，媒体信息对个人投资者的影响更显著。进一步研究表明，与稳定型机构投资者相比，交易型机构投资者对媒体信息作出的反应更明显。

刘向强

2018 年 1 月

目 录

第1章

导　论

1.1　选题背景

资本市场信息效率体现为股票价格对信息的反应程度。通常认为，股票价格对信息的反映越及时、越充分，资本市场信息效率就越高。信息经济学认为，价格作为一种反映资源稀缺性和资源利用效率的信号，是引导市场实现资源合理配置的基本工具。资本市场本质上是一种信息市场，股票价格涨跌反映了信息的变化。随着信息效率的提高，股票价格才能更好地发挥信号作用，实现资本市场最基本的功能——引导资源实现合理配置。然而，由于资本市场普遍存在信息不对称的问题，导致股票价格往往不能很好地反映企业的基本面信息，从而削弱了资本市场的资源配置功能。因此，如何提高市场信息效率不仅是资本市场发展面临的难题，也是资本市场理论研究的核心问题。

新闻媒体通过信息的搜集、整理、加工和传播，在资本市场中扮演着重要的信息中介的角色。一方面，资本市场很自然地吸引了新闻媒体，因为资本市场股票价格的每日变化，可以为媒体持续提供新闻素材（席勒，2007）。另一方面，无论股票价格反映了公司基本面信息，还是反映了投资者对公司未来盈利水平或发展能力的预期，这些因素都是通过信息的方式传递给投资者，形成他们对上市公司的认知，最终作用于股票价格。2015 年，作为中国最具权威性、最具影响力的新闻媒体，《人民日报》多次发表关于中国资本市场的评论文章，并且被人民网、新浪、凤凰、搜狐等多家国内主流互联网媒体先后转载①。文章分析中国 A 股市场的大幅上涨反应的是中国发展战略的宏观支撑以及经济改革的内在动力。在新闻媒体的持续报道和关注下，上证指数由年初的 3234. 68 点上涨至年内高点 5178. 19，创业板平均市盈率最高点超过 100 倍，日成交额屡次突破万亿。然而，2015 年 6 月初，新闻媒体报道证监会开始清查场外配资等违法行为，股票价格开始暴跌。据不完全统计，2015 年 6 月 19 日至 9 月 15 日期间，A 股一共 60 个交易日，其中有 16 个交易日接近或超过千股跌停，即平均每 4 个交易日，就有一天遭遇千股跌停。2015 年中国资本市场的表现再次印证了席勒（2007）的观点——新闻媒体是资本市场的重要推手。

长期以来，新闻媒体在资本市场中的重要作用同样引起了学

① 《人民日报》在 2015 年 3 月 30 日、4 月 10 日、4 月 22 日，先后发表“A 股已处牛市中 把握牛市‘红利’”、“A 股不惧经济下行压力 牛市含金量提高”、“股市为何任性上涨 下一高点在哪里”、“4000 点才是 A 股牛市的开端 不存在泡沫”等评论文章。

术界的广泛关注。已有文献认为新闻媒体影响资本市场的路径主要有以下三种：（1）降低了信息不对称。这部分文献认为媒体报道有助于信息传播、提高投资者认知和降低信息不对称程度。媒体对上市公司的报道，有利于投资者获取有关上市公司经营水平、盈利能力和未来发展等方面的信息，媒体报道数量越多、覆盖面越大，则越有利于信息的迅速传播，进而增进资本市场信息效率（Merton，1987；Fang 和 Peress，2009；Tetlock，2008，2010；罗进辉，2012；罗进辉和蔡地，2013；黄俊和郭照蕊，2014；罗进辉和杜兴强，2014；Pinto，2015；Chen 等，2015；汪昌云等，2015）。（2）缓解了投资者有限注意力这一局限。Kahneman（1973）提出投资者注意力是有限的。由于受到有限注意力及信息成本的约束，投资者只会购买引起其注意力的股票，往往会忽视信息的潜在价值。这类文献认为新闻媒体在传播、扩散信息的同时，也会吸引投资者的注意力，最终影响投资者行为及资产价格（Huberman 和 Gegev，2001；Veldkamp，2006；Barber 和 Odean，2008；Fang 和 Peress，2009；Da 等，2011；饶育蕾等，2010；张雅慧等，2011；余峰燕等，2012）。（3）媒体情绪的驱动。在市场逻辑的侵染及市场利润的驱使下，为吸引受众的关注，提高点击量和广告收入，媒体在进行新闻报道时，往往会通过故事演绎的方法，过分渲染某种观点。这类文献将认为投资者情绪会受到媒体观点的影响和煽动，加剧投资者的非理性决策行为，降低了市场信息效率和加剧了资产误定价程度（Tetlock，2007；Garcia，2013；游家兴和吴静，2012；汪昌云和武佳薇，2015）。（4）公司治理的溢价。大量研究发现媒体报道通过声誉机制和行政干预机制提高公司治理水平。被媒体曝光效率低下的公司，会采取明显措施提高董事会效率，最终反映为股票价格的上升（Joe 等，2009），并且媒体报道提高了非流通股东的舆论监督压力，同样有助于提高公司治理效率。在股权分置改革中，由于公司治理存在溢价，以及信息风险和不确定风险的降低，中小流通股东愿意接受的对价水平也越低（徐莉萍和辛宇，2011）。

尽管已有文献从媒体信息效应、投资者注意力、媒体情绪、公司治理溢价四个视角，对媒体报道影响资本市场或资产价格的原因和路径进行了解释，也取得了大量具有理论意义和实践价值的研究成果。但不可否认，现有文献仍然存在以下四个方面的不足：

第一，现有关于媒体报道与资本市场的研究，大多关注纸质媒体（报纸、期刊）在信息传播和扩散过程中的作用，忽视了互联网媒体在信息传播和扩散中的重要作用。在瞬息万变的资本市场中，股票价格的波动不仅反映公司基本面信息的变化，还会受到政治、经济、技术和法律等多方面因素的影响。因此，投资者获得信息的速度越快、有价值信息的越多，拥有的获利机会更大，因而投资者非常注重信息的及时性和准确性。随着互联网信息技术的发展，使得互联网媒体的信息更新和传播速度远远快于传统纸质媒体；互联网等信息媒体为投资者提供了交流互动的平台，为投资者提供了更丰富的信息资源。另一方面，近年来我国新闻媒体的发展格局及国内媒体环境发生了巨大变化，互联网媒体已取代传统纸质媒体，成为人们获取信息的重要渠道。根据中国互联网络信息中心发布第 37 次《中国互联网络发展状况统计报告》的数据显示，截至 2015 年 12 月，我国互联网网民规模达 6.88 亿，互联网普及率达到 50.3%，青年一代更是将互联网媒体作为其获取信息最重要的渠道。基于此，本书认为根据我国新闻媒体发展的最新变化，研究互联网媒体对资本市场的影响具有重要的实践意义。

第二，现有文献为“媒体效应”[①]（Media effect）提供了两种理论解释：(1)“投资者认知假说”认为由于资本市场信息不完全，投资者不可能了解所有的股票；信息在不同投资者之间的分配也是不对称的（Easley，2002）。基于上述信息分配的特点，新闻媒体通过对上市公司进行报道，将信息传递给市场参与者，提高了投资者认知，降低了信息不对称的风险。相反，没有被媒体关注的股票则存在较高的信息风险，因而需要提供更高的风险溢价。(2)“过度关注弱势假说”认为媒体对上市公司的新闻报道会吸引投资者注意力，从而导致投资者过度关注（Over attetion）或追逐某些市场热点，这种过度关注引发投资者短期对新信息反应过度，但从长期来看会出现反转。然而，已有文献仅基于“投资者认知假说”视角，实证检验了媒体效应产生的原因（Fang 和 Peress，2009）；但关于“过度关注弱势假说”的验证仅仅停留在推测阶段，并没有提供严谨的理论模型或直接的经验证据（饶育蕾等，2010），或是对“过度关注弱势假说”的检验不够深入（张雅慧等，2011）。基于此，本书认为有必要利用互联网媒体关于中国 A 股上市公司的新闻报道数据，实证检验在中国资本市场是否存在媒体效应；为“投资者认知假说”和“过度关注弱势假说”提供进一步的经验证据。

第三，现有文献主要研究媒体报道数量横截面股票收益率的影响，忽视了新闻内容既有正面信息也有负面信息，并且正面信息和负面信息会不同程度地影响投资者行为和股票价格（Fang 和 Peress，2009；饶育蕾等，2010；王建新等，2013）。少数文献研究媒体关于市场层面的正面信息或负面信息对大盘指数的影

① Fang 和 Peress（2009）首次提出媒体效应（Media effect），是指资本市场中存在媒体关注度高的股票收益率高于未被媒体报道股票的现象。

响（Tetlock，2007；Garcia，2013）。虽然股票价格不仅反映了公司基本面信息，还会受到政治、经济、技术和法律等多方面信息的影响。但是，并不能将市场信息与公司信息等同，即在相同的市场环境下，不同的上市公司在经营水平、盈利能力和未来发展等方面存在明显差异。因此，投资者在进行投资决策时，不仅会考虑整体市场环境，也会关注与上市公司盈利能力和未来发展相关的信息。因此，本书认为有必要从更细致的微观角度，进一步区分新闻媒体关于公司层面的正面报道和负面报道，深入研究投资者对公司层面信息的反应。

第四，现有文献关于新闻媒体与市场反应的研究，忽略了不同类型投资者对媒体信息的反应存在很大差异，导致研究结论并未达成一致。部分文献认为新闻媒体有助于降低信息不对称程度，增进市场信息效率（Fang 和 Peress，2009；Tetlock，2008，2010）；另一部分文献则认为新闻媒体并未向市场参与者传递有价值的信息，只是影响了投资者注意力或投资者情绪（饶育蕾等，2010；Tetlock，2007；游家兴和吴静，2012；汪昌云和武佳薇，2015）。通常认为，资本市场中存在机构投资者和个人投资者两类主体。不同投资主体之间的差异在于他们获取公开信息的手段是不同的（谭松涛等，2014）。对于个体投资者而言，媒体报道是他们获取公开信息最主要的途径（Barber 和 Odean，2008）。2009 年，深圳证券交易所针对个人投资者进行调研，发现个人投资者主要通过网站、报纸和电视获取证券投资信息或投资技巧，分别占比 82.9%、62.8% 和 49.%。有 42.9% 的投资者认为媒体股评或者财经节目是其进行投资决策的主要依据，超过 25% 的个体投资者甚至将网络搜索上市公司名称作为了解上市公司的渠道。然而，由于机构投资者具有更大的资金规模和更专业的投资能力，他们可以充分利用分析报告和公司调研等多种手段获取这些公开信息，信息获取手段的多样性可以帮助机构投资者掌握更多的信息资源。由此推断，媒体信息的重要程度在个体投资者和机构投资者之间存在很大差别。因此，本书认为有必要进一步区分投资者类型，研究不同类型投资者对媒体信息的反应。

基于上述分析，提出本书研究的三个重要问题：第一，以报道数量作为衡量媒体信息的指标，探讨媒体关注度是否会影响横截面股票收益率。第二，将媒体报道分为正面报道和负面报道，考察媒体语气对投资者的影响。第三，根据机构投资者持股比例将市场参与者划分为机构投资者和个人投资者，探讨不同类型的投资者对媒体信息的反应是否有差异。

（围绕上述问题，本书拟利用51家国内主流互联网媒体关于中国A股上市公司的新闻报道数据，对上述问题进行探究，以期拓展媒体报道与资产定价领域的研究视野，深化相关领域的研究内容。）

1.2 研究问题

本书利用互联网媒体关于中国A股上市公司的新闻报道数据，探究互联网媒体在资本市场中的重要作用。具体来说，本书着重研究三个问题（相关研究问题及展开思路如图1-1所示：(1) 媒体关注度是否会影响股票收益，即媒体关注程度不同的股票收益率之间是否存在显著差异；(2) 媒体语气是否会影响股票收益，以及媒体语气是否向市场参与者传递了有价值的信息；(3) 不同类型的投资者对媒体信息的反应是否有差异。

主题一：媒体关注度是否会影响股票横截面收益，以及影响路径是什么？现有文献对媒体效应产生的原因提供了两种理论解释："投资者认知假说"和"过度关注弱势假说"。然而，已有文献只实证检验了“投资者认知假说”（Fang 和 Peress，2009），而关于“过度关注弱势假说”的验证仅仅停留在推测阶段，并没有提供严谨的理论模型或直接的经验证据（饶育蕾等，2010），或是对“过度关注弱势假说”的检验不够深入（张雅慧等，2011）。基于此，本书首先利用互联网媒体关于中国 A 股上市公司的新闻报道数据，实证检验在中国资本市场是否存在媒体效应，即未被媒体报道的股票收益率是否高于媒体关注度高的股票；其次，进一步验证媒体效应产生的原因，是“投资者认知假说”还是“过度关注弱势假说”。

主题二：媒体语气是否会影响股票横截面收益？现有文献主要研究媒体报道数量横截面股票收益率的影响，忽视了新闻内容既有正面信息也有负面信息，并且正面信息和负面信息会不同程度地影响投资者行为和股票价格（Fang 和 Peress，2009；饶育蕾等，2010；王建新等，2013）。少数文献研究媒体关于市场层面的正面信息或负面信息对大盘指数的影响（Tetlock，2007；Garcia，2013）。虽然股票价格不仅反映了公司基本面信息，还会受到政治、经济、技术和法律等多方面信息的影响。但是，并不能将市场信息与公司信息等同，即在相同的市场环境下，不同的上市公司在经营水平、盈利能力和未来发展等方面存在明显差异。因此，投资者在进行投资决策时，不仅会考虑整体市场环境，也会关注与上市公司盈利能力和未来发展相关的信息。基于此，与已有文献不同，本书从更细致的微观角度，区分新闻媒体关于公司层面的正面报道和负面报道，考察投资者对公司层面信息的反应程度，并进一步检验媒体信息是否能够向投资者传递与上市公司会计业绩相关的信息。

主题三：不同类型投资者对互联网媒体信息的反应？主题一和主题二分别从媒体报道数量和媒体报道语气两个层面，研究了市场对媒体信息的反应。通常认为，资本市场中存在机构投资者和个人投资者两类主体。不同投资主体之间的差异在于他们获取公开信息的手段是不同的（谭松涛等，2004）。对于个体投资者而言，媒体报道是他们获取公开信息最主要的途径（Barber 和 Odean，2008）。然而，由于机构投资者具有更大的资金规模和更专业的投资能力，他们可以充分利用分析报告和公司调研等多种手段获取这些公开信息，信息获取手段的多样性可以帮助机构投资者掌握更多的信息资源。基于上述分析，我们根据机构投资者持股比例，将投资者区分为机构投资者和个人投资者，进一步考察不同类型投资者对媒体信息的反应是否存在差异？

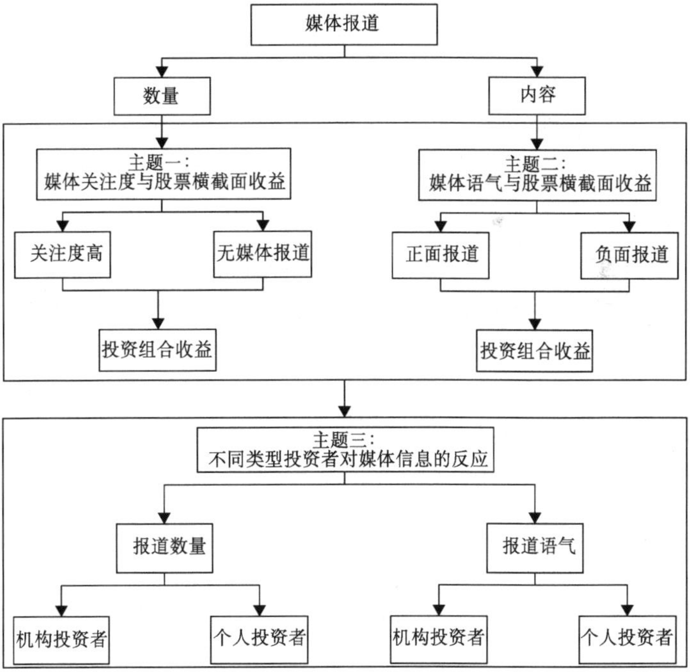

图1-1 研究思路与研究视角

1.3 核心概念界定

1.3.1 为什么选择互联网媒体

在瞬息万变的资本市场中，股票价格的波动不仅反映公司基本面信息的变化，还会受到政治、经济、技术和法律等多方面因素的影响。因此，投资者获取信息的速度越快、有价值信息的越多，则意味着获利的机会更大，因而投资者非常注重信息的及时性和准确性。随着互联网信息技术的发展，使得互联网媒体的信息更新和传播速度远远快于传统纸质媒体；互联网等信息媒体为投资者提供了交流互动的平台，让投资者获取信息的内容更为丰富和多元。根据中国互联网络信息中心发布第 37 次《中国互联网络发展状况统计报告》的数据显示：截至 2015 年 12 月，我国互联网网民规模达 6.88 亿，互联网普及率达到 50.3%，青年一代更是将互联网媒体作为其获取信息最重要的渠道。因此，本书认为有必要结合媒体环境的最新变化，进一步探讨互联网媒体在资本市场中的作用，原因在于以下几个方面：

第一，互联网媒体信息更新速度更快，信息传播效率更高。在瞬息万变的资本市场中，股票价格对信息的反应非常迅速，或者说投资机会稍纵即逝，因而谁先掌握最新的信息就意味着拥有获益的机会，所以投资者非常在乎信息更新的速度。借助于信息技术，互联网媒体能够实现实时信息的迅速更新，投资者可以随时随地查询最新信息。而传统纸质媒体都是每日或每周出版一次，导致当天发生的事情，投资者往往在第二天甚至更长时间才能通过纸质媒体获得相关信息，导致投资者对新信息反应不足，或对旧消息反应过度。

第二，互联网媒体信息传播方式更多，信息资源更为丰富。与传统纸质媒体相比，互联网等新兴媒体不仅能够向市场参与者传递信息，而且还可以为投资者提供互动平台，供投资者交流和沟通，进一步提高了市场的信息效率；与西方国家不同，我国实行的新闻审查制度，政府对媒体监管的力度比较大，纸质媒体基本上都是由政府控制，因而对纸质媒体的新闻报道内容有严格的控制。由于互联网信息技术的发展迅速，使得政府对互联网媒体的审查和监管更松。因此，与传统纸质媒体相比，互联网媒体的信息资源更为丰富和多元。

第三，互联网媒体信息鱼目混杂，充斥着各种传闻、虚假信息。在纸质媒体时代，政府监管会导致信息传播受到限制，也确保了信息的真实性。互联网媒体的发展，让信息资源更为丰富和多元的同时，也引发了信息监管的问题，互联网媒体充斥着各种传闻和虚假信息。那么，对投资者而言，特别是中小投资者，如何在海量的新闻信息中提取有价值的信息显得尤为重要。

1.3.2 互联网媒体的覆盖范围及指标度量

本书研究中所用到的互联网媒体报道数据由中国人民大学“数据工程与知识工程教育部重点实验室”支持提供。本书从媒体报道数量和媒体报道语气两个维度，深入探讨互联网媒体信息对横截面股票收益的影响。因此，以下对媒体报道数量和媒体报道语气等核心概念进行简要说明。

1. 互联网媒体。为尽可能扩大互联网媒体的覆盖范围，我们收集了包括新华网、人民网、中新网、新浪、搜狐、网易、雅虎、中华网、环球网、红网、汉网 、CCTV、北方网、东北网、南方网、天涯社区、猫扑大杂烩、百度新闻、必应新闻、谷歌新闻、MSN、凤凰资讯、联合早报、中国政府网、腾讯网、Hao123头条、参考消息、星岛环球网、日经中文网、中国军网、大众网、21世纪网、十八届三中全会专题、比特网、新郎科技、科技部、中国人大、外交部、求是理论网、中国广播网、中国日报、中国国际广播电台、中青在线、光明日报、经济日报、教育部、工业和信息化部、交通运输部及微博话题等51家互联网媒体关于中国A股上市公司的新闻报道数据。

2. 媒体报道数量。我们以下对抓取互联网媒体关于中国A股上市公司报道数量的方法和步骤做简单介绍：（1）本书的研究样本区间为2014年1月1日至2015年12月31日。根据研究需要，我们在样本研究区间内，每间隔一小时，都会核实上述51家互联网媒体网站上是否出现新的新闻报道内容；（2）如果上述互联网媒体上出现了新的新闻报道内容，我们就将该篇新闻报道抓取至我们的数据集，并进行更新；（3）根据原始新闻网页采集下来的每一个新闻报道，我们借鉴Cai等（2003）的研究方法，运用信息抽取和自然语言处理中的技术，从原始的HTML网页代码中，识别和抽取出该网页中所包含的新闻报道的主体内容，通过信息检索技术中经典的Okapi BM25算法（Robertson等，1995），分别使用上市公司的股票代码、股票简称和公司名称作为查询条件，从之前采集、分析过的新闻集合中检索到和该上市公司相关的新闻报道，最终获得互联网媒体关于每家上市公司每天的新闻报道数量。

3. 媒体报道语气。已有文献将媒体报道中的负面词汇或正面词汇的比例作为衡量媒体语气的替代变量（Tectock，2007；Tectlock等，2008；Garcia，2013；谭松涛等，2014），或是以人工阅读的方法判断新闻的态度倾向（Bhattacharya，2009；李培功和沈艺峰，2010；游家兴和吴静，2012）。与现有文献不同，本书借鉴Pang等（2002）的研究，利用情感倾向分析方法对新闻报道的态度倾向做出判断。情感倾向是主体对客观事物内在评价的一种倾向，通过情感倾向方向和情感倾向度两个方面来衡量：（1）情感倾向方向也称为情感极性，可以理解为主体对客观事物所持的态度，包括正面情感、负面情感和中性情感。例如，“赞美”为褒义词，表达正面情感；相反，“丑陋”则是贬义词，用于表达负面情感。（2）情感倾向度表示主体对客观事物表达正面或负面情感的强弱程度，情感程度的程度是通过情感词来体现的。在情感倾向分析中，通过赋予不同权重来区分情感程度。

目前，情感倾向分析的方法主要分为两类：一种是基于情感词典的方法，另一种是基于机器学习的方法。本书使用的方法主要是基于情感词典的分析方法，基于情感词典的分析方法需要用到标注好的情感词典。本书选用的情感词典包括：Hownet、NTUSD和《同义词词林》三个情感词典①，并在此基础上对词典做了进一步的审核和修改。通过上述分析，可以计算出每篇新闻报道的情感值。在此基础上，通过情感值的符号来判断整篇报道的情感倾向，即将媒体报道区分为正面报道、负面报道和中性报道。

1.4 本书研究结构

根据本书的研究主题及研究内容，本书共分为6章，各章具

① Hownet情感词典由知网整理发布；NTUSD情感词典由台湾大学整理发布；《同义词词林》由哈尔滨工业大学检索研究室开发。

体研究内容阐述如下：

第 1 章是导论，主要介绍本书的选题背景、研究问题、核心概念、研究思路、研究内容及章节安排，以及研究的主要创新。

第 2 章是文献综述。首先，结合本书的研究主题，梳理和回顾了传统资产定价理论和行为金融资产定价的理论基础及相关文献。其次，在现有资产定价理论的基础上，介绍了媒体报道与资产定价的相关文献。最后，在小结部分对相关文献进行了简要述评，分析了现有文献存在的不足，为本书的研究主题和研究内容寻找到切入点。

第 3 章探讨本书的第一个研究主题，互联网媒体关注度是否会影响横截面股票收益。本章将研究样本划分为媒体关注高、媒体关注度低和未被媒体报道的三组子样本，考察中国资本市场是否存在媒体效应，即未被媒体报道的股票收益率是否高于媒体关注高的股票。之后进一步的研究，我们选用分析师跟踪人数和股价异质性风险作为信息不对称的替代变量；选用媒体持续报道和股票涉及的概念数量作为投资者关注的替代变量，检验媒体效应产生的原因是“投资者认知假说”，还是“过度关注弱势假说”。

第 4 章探讨本书的第二个研究主题，互联网媒体报道语气是否会影响横截面股票收益。本章在对互联网媒体关于每家上市公司的新闻报道内容进行情感倾向分析的基础上，将研究样本划分为媒体正面报道、中性报道和负面报道的三组子样本，考察互联网媒体语气是否会影响横截面股票收益，即媒体正面报道的股票收益率与媒体负面报道的股票收益率之间是否存在显著差异。之后进一步地研究，我们选用总资产收益率和净资产收益率作为企业绩效的替代变量，考察媒体报道语气是否能够向投资者传递与上市公司会计业绩相关的信息。

第 5 章探讨本书第三个研究主题，不同类型投资者对互联网媒体报道信息的反应。通常认为，资本市场包括机构投资者和个人投资者两类主体。由于不同类型投资者的资金规模、专业水平和风险承受能力存在差异，导致他们对媒体信息有着不同的解读。我们根据机构投资者持股比例，将投资者区分为机构投资者和个人投资者，从媒体报道数量和媒体报道语气两个层面，检验不同类型投资者对媒体信息的反应程度是否存在差异。

第6章为本书的结束语。本章首先总结了本书的研究结论，以及根据研究结论得到一些启示；其次阐述本研究的局限性及存在的不足之处；最后指出了未来的研究方向。

根据以上内容，本书的研究框架如图1－2所示。

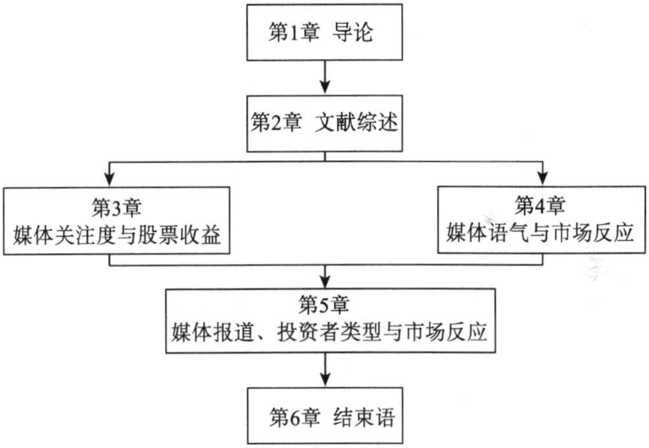

图1－2 本书的结构框架

1.5 研究贡献与实践意义

本书选用国内51家主流互联网媒体关于中国A股上市公司

的新闻报道数据，分别从媒体报道数量和媒体报道语气两个层面，探讨互联网媒体在资本市场中的作用。本书的研究具有重要的理论贡献与实践意义，具体表现在以下几方面。

1.5.1 理论贡献

本书的理论贡献主要体现在以下三个方面。

第一，丰富了媒体报道与资本市场的研究文献。已有文献为资本市场中的媒体效应提供了“投资者认知假说”和“过度关注弱势假说”两种理论解释。然而，已有文献仅基于“投资者认知假说”视角，实证检验了媒体效应产生的原因（Fang 和 Peress，2009）；但关于“过度关注弱势假说”的验证仅仅停留在推测阶段，并没有提供严谨的理论模型或直接的经验证据（饶育蕾等，2010）。本书分别从“投资者认知假说”和“过度关注弱势假说”两个层面，检验了中国资本市场媒体效应产生的原因，为现有理论提供增量的经验证据，丰富了媒体报道与资本市场的研究文献。

第二，拓展了媒体报道与资本市场相关文献的研究视野。已有文献主要研究媒体报道数量对横截面股票收益率的影响（Fang 和 Peress，2009；饶育蕾等，2010），或是研究媒体语气对市场综合指数的影响（Tetlock，2007；Garcia，2013）。与已有文献只关注媒体报道数量或市场层面的信息不同，本书聚焦于公司层面的媒体信息，在运用信息抽取和自然语言处理技术对新闻内容进行分析的基础上，探究媒体报道语气对横截面股票收益的影响，拓展了媒体报道与资本市场相关文献的研究视野。

第三，丰富了机构投资者与市场信息效率的研究文献。一个被广泛接受的观点是机构投资者可以增进市场信息效率。已有文献基于机构投资者交易行为视角，研究机构投资者与个人投资者对媒体信息的反应，发现机构投资者在提高市场信息效率方面发挥了更加积极的作用（谭松涛等，2014）。与已有文献不同，本书基于机构投资者持股视角，探讨不同类型投资者对媒体信息的反应，对机构投资者是否增进了市场信息效率提供了新的经验证据。

1.5.2 实践意义

除上述理论贡献之外，本书还具有重要的实践意义。

（1）有助于监管部门更有效地引导互联网媒体舆论导向。本书基于媒体报道数量和媒体报道语气两个视角，研究了互联网媒体在资本市场中的作用。研究成果有助于监管部门有针对性地关注舆论导向，引导互联网媒体充分发挥信息中介的功能，提高资本市场定价效率。

（2）有助于对上市公司更有效地向市场传递信息。本书通过研究中国资本市场是否存在媒体效应，以及媒体效应产生的原因，有助于上市公司更好地运用互联网媒体向市场参与者传递公司基本面信息，缓解公司与投资者之间的信息不对称程度，提高公司价值。

（3）有助于投资者更理性地看待媒体报道信息。媒体作为资本市场的信息中介，是投资者获取信息的重要渠道。我国资本市场还处于发展初期，个体投资者比例较高、投资经验相对不足。本书研究成果有助于投资者充分挖掘有效信息，以获取更高的投资收益。

第2章 文献综述

本书研究的核心问题为媒体信息与市场反应。根据资产定价的理论基础，资产定价可分为传统资产定价理论和行为金融理论。本章首先结合全书的研究主题、研究思路和研究内容，分别对传统资产定价理论和行为金融资产定价理论的相关文献进行梳理和述评；其次，回顾和梳理了媒体报道与资产定价领域的相关文献，并分析现有文献存在的不足，为本书的研究主题和研究内容寻找切入点。

2.1 传统资本资产定价理论发展沿革

2.1.1 传统资产定价模型的理论基础

"理性人"和有效市场假说是传统资产定

价理论的假设前提。传统资产定价理论认为股票价格反映了市场上所有相关的信息。

（1）“理性人”假设。拥有资产代表对未来现金流的索取权，资产定价理论认为资产价格应当等于与该资产相关的未来现金流，按照适当的风险收益率进行折现后的价值。传统资产定价理论沿用经济学关于“理性人”的前提假设，认为投资者是充分理性的，会根据自身偏好和已有的信息选择效用最大化的行为，其投资决策遵循贝叶斯准则。他们拥有完备的信息，能准确估计未来现金流发生的时间、大小及风险。

（2）有效市场假说。Fama（1970）根据资产价格对市场信息的反应速度及反应程度，将资本市场划分为三种形式：一是弱势有效市场，认为资产价格反映了所有历史信息；二是半强势有效市场，认为资产价格反映了所有公开信息；三是强势有效市场，认为资产价格已反映了所有的历史信息、公开信息和内幕信息。有效市场假说成立需满足三个假设条件：一是理性投资者假设，即认为投资者是完全理性的，他们能根据所拥有的信息合理估计资产价格，在这种情况下，资产价格不会偏离其内在价值；二是随机交易假设，认为即使投资者不符合完全理性假设，不能对资产价格进行合理估计，使得资产价格偏离其内在价值。但是，如果随机交易假设成立，那么投资者非理性导致股票价格与内在价值相偏离的部分会相比抵消，最终使得资产价格与其内在价值相等；三是有效套利假设，认为即使投资者不符合完全理性假设，其交易行为也不符合随机交易假设，导致投资者高估或低估资产内在价值，使得资产价格与其内在相加相背离。但是，有效套利假设认为即使投资者是非理性的，同时市场交易也是非随机的，但只要市场上存在一部分理性的套利者，套利行为会使得资产价格最终回归其内在价值。

2.1.2 资本资产定价模型及其拓展

资产定价研究的核心问题为资产价格等于未来现金流按照风险大小进行折现后的现值，资产定价理论沿上述论点从两个视角研究如何评估资产的价格：（1）资产的绝对价格，即通过衡量资产风险的方法确定资产价格；（2）资产的相对价格，即资产价格是根据其他资产价格进行推断和确定（汪昌云和汪勇祥，2007）。无论采用哪种思路对资产进行定价，定价方法都经历了简单到复杂的过程：简单是指为了研究方便，通常给出一系列严格的假设条件，即所谓的理想状态；复杂是指后续研究以理想状态下的研究结论为基准，通过不断放宽假设条件，使假设条件不断与现实世界相吻合的过程。

（1）理想状态下的资产定价模型——CAPM

资产定价理论的理想状态需满足以下三个条件：第一，投资者是同质的。投资者之间没有差异，他们拥有完全相同的信息，风险偏好和财富约束也没有差别；第二，存在完全的市场，投资者可以通过资本市场实现风险对冲；第三，不存在任何形式的交易成本，投资者可以以无风险利率无限制地进行借贷。

Sharpe、Lintner 和 Mossin 共同提出资本资产定价模型（Capital Asset Pricing Model，CAPM），标志着传统资产定价理论研究的开端。CAPM 有两个基本假设：一是投资者掌握的信息是完全相同的，即投资者对资产期望收益的预期是一致的；二是投资者能以相同的无风险利率进行借贷。根据上述假设，CAPM 推断市场上所有的投资者都持有相同的风险资产组合，即市场投资组合，并且资产的期望收益与其系统风险线性正相关。CAPM 的核心思想在于将资产预期收益与风险联系起来，认为资产收益只受系统性风险影响，即系统性风险 β 系数越高，资产预期收益率越高。CAPM 有三个重要的含义：第一，回归截距项的期望应等于无风险收益率，且系统性风险 β 的系数为市场组合期望收益减去无风险收益率；第二，资产的期望收益与系统风险正相关，即 β 系数越大，期望收益率越高；第三，如果单个资产或投资组合期望收益的差异能够被 β 完全解释，那么其他因素对资产期望收益不会产生任何解释力。关于 CAPM 的经验证据基本能解释资产价格的变化，Black 等（1972）、Fama 和 MacBeth（1973）、Blume 和 Friend（1973）进行了实证检验，虽然上述文献的研究结论与 CAPM 的推断存在一定的差异，但是与改进资本资产定价模型的推断基本一致。

（2）跨期资本资产定价模型

CAPM 研究投资者在单期如何确定最优的消费和投资组合。然而，在现实经济中，投资者总是会根据不断变化的经济条件来调整投资组合，即投资者决策是一个持续的过程。在这种情况下，CAPM 模型显然不能完全刻画投资决策的现实环境，所以无法解释现实世界中的金融现象。为更好地解释现实世界中资产价格的变化，部分学者将一期模型扩展为多期模型。多期模型认为投资者在确定消费和投资组合时，需要考虑整个生命周期的消费。

Merton（1973）提出跨期资产定价模型（ICAPM），他认为投资者拥有的投资机会组合是不断变化的，投资者在选择投资和消费组合时，不仅依赖于投资者的财富，还取决于经济状态。在这种情况下，资产定价模型应包括多个 β（Multiply Beta），第一个 β 仍然代表系统性风险对最优投资机会集合的影响，而其他的 β 则意味着各种状态同样会影响投资者决策。

Breeden（1979）发现 ICAPM 的结论不符合现实。ICAPM 认为当投资者财富水平较低时，财富水平上升使得边际效用增加的幅度较高，导致资产价格与收益之间负相关，上述观点与 CAPM 的结论恰恰相反。因此，Breeden（1979）提出基于消费的资产定价模型（CCAPM）。他认为投资者在选择消费和投资组合时，考虑的消费水平而非财富水平。在边际消费高的情况下，单位价格收益所带来效应的增加更多，因而这类资产的价格应该更高。因此，在 CCAPM 中，只需要一个 β 衡量证券的风险，这一模型在形式上与静态的 CAPM 模型是一致的。

（3）套利定价模型

由于 CAPM 假设条件过于严苛，导致其实际运用受到了很大的约束。Ross（1976）认为投资组合应当包括股票、债券、房地产、人力资本等全部有形和无形资产。然而，CAPM 理论只限于股票市场，因此对 CAPM 的实证检验不太可能。Ross（1976）提出套利定价模型（APT）。APT 与 CAPM 的重要区别在于，CAPM 是均衡条件下的资产定价模型，而 APT 的理论基础是“不存在无风险套利机会”。与 CAPM 相比，APT 成立所要求的前提条件较弱，但该理论仍然存在一个重要缺陷，即没有明确指出到底有多少因素会对资产价格产生影响。Chen 等（1986）研究发现工业总产值变化幅度、长短期国债收益差额、评级高低债券的收益率差额、意外通胀率变化幅度等经济指标是影响资产价格的重要风险因素。与 CAPM 一样，ATP 也面临着实证难以检验问题（Shanken，1985）。

2.1.3 传统资产定价理论遭遇的挑战

传统资产定价理论的核心结论可以概括为以下几点：第一，CAPM 能够描述资产风险与收益之间的关系，可以解释投资组合为何能获得更高的收益；第二，无法对股票收益做出准确的预测，即任何规律都无法判断股票预期收益率的变化，因此通过技术分析可以获得超额收益不可信；第三，与股票收益一样，股票价格的波动也无规律性科研；第四，在考虑了一系列影响投资组合的风险因素之后，即使基金经理在短期内的业绩可能会比较出色，但从长远来看，他们的业绩并没有明显好于市场，在一定程度上表明资本市场是有效的。

然而，自 20 世纪 80 年代以来，大量文献的研究结论与传统资本资产定价模型的推断完全相反，主要表现为以下几点：第一，单个资产或投资组合的平均收益率与风险系数 β 之间的关系并不符合 CAPM 的预测，即 CAPM 并不能准确衡量资产的风险；第二，可以在一定程度上预测股票收益率的变化。Fama 和 French（1989）研究发现股息率、短期债券收益率、长短期国债收益率差、商业周期等指标可以对股票收益的时序变化做出预测；同时，随着时间的变化，股票价格的波动幅度也会呈现一定的变化；第三，根据 CAPM 对投资组合进行风险调整后，部分基金经理的业绩仍然会超过整体市场的表现；第四，股票收益呈现短期动量长期反转的现象（DeBont 和 Thaler，1985；Jegadeesh 和 Titman，1994）。Fama 和 French（1993）研究发现市场风险因子、规模因子和价值因子能够解释投资组合 70% 至 80% 的股票收益率变化。Fama – French 三因素模型虽然能解释收益率变化的原因，但不能解释动量现象。Carhart（1997）在三因素模型的基础上增加了动量因素，即四因素资产定价模型。

尽管 Fama – French 三因素模型和 Carhart 四因素模型能够解释的大部分的资本市场现象。Fama 和 French 认为市场因子、规模因子和价值因子是影响投资组合的风险因素，因而 Fama – French 三因素模型是传统资产定价模型的延伸。然而，行为金融学则认为规模因子和价值因子，以及动量效应在一定程度上反应了投资者本身的行为偏差。关于这方面的争论一直存在，但有一点不可否认，动量效应与风险因素无关。从以上讨论可以看出，传统资产定价理论面临现实资本市场的挑战。随后，大量研究反思传统资产定价理论的前提假设是否符合社会现实，并试图结合心理学、社会学理论来推动资本市场中投资者决策行为的研究。

2.2 行为金融资产定价理论

20 世纪 80 年代以来，资本市场出现了许多无法用有效市场假说和传统资产定价模型解释的金融异象，例如股价过度波动（Shiller，1981）、股权溢价（Mehra 和 Prescott，1985）、日历效应（Rozeff 和 Kinney，1976；Cross，1973）、股票收益的短期惯性和长期反转（DeBondt 和 Thaler，1985；Jegadeesh 和 Titman，1993，2001）、封闭基金之谜（Lee 等，1991）等现象。

由于传统资产定价理论不能有效解释资本市场出现的各种异象，部分学者试图通过放宽传统资产定价理论关于“理性人”和“随机套利”假设，在此基础上研究行为金融资产定价理论。与传统资产定价理论相反，行为金融资产定价理论基础分别为：一是有限套利。理性投资者的套利行为会受到一系列条件的限制，无法随时进行套利；二是有限理性。投资者的决策行为并不一定是完全理性的，可能存在非理性的行为。本节重点梳理和回顾与本书研究内容相关的行为金融资产定价理论。

2.2.1 行为金融资产定价的理论基础

（1）有限套利。套利是传统资产定价理论成立的重要条件。Friedman（1953）认为当资产价格与内在价值相背离时，理性投资者会通过套利行为迅速消除资产误定价，使资产价格回归其内在价值。与传统资产定价理论相悖，行为金融理论认为即使存在资产误定价，但由于理性投资者套利需要花费成本及承担套利风险。所以理性投资者会放弃套利，从而使得资产误定价长期存在。Barberis 和 Thaler（2003）认为在资本市场中，理性投资者的套利行为会面临公司基本面风险、噪音投资者交易风险以及套利的交易成本。

公司基本面风险。套利者无法在资本市场上寻找到完美的对冲标的，使得套利者无法消除与公司相关的特定风险。例如，套利者买入福特公司股票，可以通过卖出通用汽车的股票消除汽车行业的风险，但无法对冲福特公司的特定风险。因此，由于不存在完美对冲标的，套利者需承担公司的特定风险。

噪音投资者风险。De Long 等（1990），Shleifer 和 Vishny（1997）认为噪音投资者的存在在短期内会加剧套利者的风险。即使通用汽车是福特公司的完美对冲标的，套利者仍需面临由于悲观投资者导致股票价格进一步低估的风险。噪音投资者风险之所以重要的原因在于迫使套利者（基金经理）提前清仓。由于基金经理的资金来自于投资者，使得大脑（Brains）与资本（Capital）相分离（Shleifer 和 Vishny，1997）。因此，投资者由于缺乏专业能力，无法对套利者的投资策略进行正确评价，则只能将基金经理过往业绩作为评价标准。如果噪音投资者在短期内使得证券价格进一步下跌，使得基金经理短期业绩为负，进而导致投资者认为基金经理没有竞争力，从而赎回他们的资金，迫使基金经理过早清仓。因此，噪音投资者风险的存在使得理性投资者不一定进行套利。

套利的交易成本。Barberis 和 Thaler（2003）认为交易佣金、流动性、价格冲击、卖空限制，以及资产误定价的搜寻成本的存在，都会限制理性投资者的套利行为。

公司基本面风险、噪音投资者风险以及套利交易成本的存在，让我们相信套利是有风险的。原则上，如果套利不存在限制，那么资产误定价的现象会立刻消失。相反，如果资产误定价现象一直存在，则套利行为受到限制。随后，大量实证研究表明资本市场的确存在资产误定价的现象（Froot 和 Dabora，1999；Harris 和 Gurel，1986；Shleifer，1986；Wurgler 和 Zhuravskaya，2002；Lamont 和 Thaler，2003）。

（2）有限理性。按照有限套利理论，由于存在套利风险和套利交易成本，即使非理性投资者导致资产价格与其内在价值相背离，理性投资者也无法通过套利行为消除资产误定价现象。为更好地解释资本市场长期存在资产错误定价的现象，行为金融理论假设投资者是非理性的。许多行为金融理论试图结合心理学的相关理论解释现实资本市场中出现的异象，我们主要对投资者认知偏差（Beliefe - biased）及投资者风险偏好（Preference）领域的相关文献进行梳理。

2.2.2 基于认知偏差的资产定价模型

Barberis 和 Thaler（2003）根据心理学研究结果，将投资者认知偏差分为过度自信（Overconfidence）、乐观主义（Optimism 和 wishful thinking）、代表性（Representativeness）、保守主义（Conservatism）、认知坚持（Belief perseverance）、锚定效应（Anchoring）和获得性偏差（Availability biases）。

大量研究基于上述投资者认知偏差解释资本市场的金融异象。Barberis 等（BSV，1998）认为由于投资者的保守主义（Conservatism）和代表性偏差（Representativeness），当他们利用公开信息估计股票价格时，会导致股票收益率表现为短期漂移和长期反转的现象。他们认为保守主义使得投资者低估新信息对股票价格的影响，而代表性偏差使得投资者错误地认为少数观测值能反应全体样本的趋势。首先，假设公司盈利水平超出投资者正常预期，但由于保守主义，投资者对盈利信息反应不足，导致短期内股票价格只会小幅上涨，随后股票价格会逐渐回归其内在价值，使得股票收益率表现为漂移或动量现象。相反，如果公司连续几期盈利水平都表现为上升，代表性偏差使得投资者认为公司未来盈利水平仍能保持持续上升，进而推高股票价格。但从长期来看，公司盈利终究会回归平均水平。因此，短期内价格过高的股票，随后其收益率会逐渐下降至平均水平，使得股票收益率表现为长期反转的现象。

与 BSV 认为投资者对公开信息反应不足或反应过度，导致股票收益率表现为短期漂移和长期反转不同，Daniel 等（DHS，1998，2001）认为上述现象的存在主要是因为投资者对私有信息的判断偏差。他们认为投资者会根据自身拥有的私有信息预测未来的股票价格，并且认为投资者存在过度自信的心理偏差，即投资者过度相信私有信息对未来股票价格的预测能力。如果私有信息是积极的，那么过度自信意味着投资者对信息反应过度，导致股票价格与其内在价值相背离。但随后公开信息会使得股票价格逐渐回归其内在价值，使得股票收益率表现为长期反转的现象。为解释股票收益率漂移或动量效应，DHS 认为由于存在自我归因偏差，公开信息对投资者过度自信的影响是非对称的：当投资者私有信息与公开信息一致时，会进一步加大投资者过度自信的程度；相反，当投资者私有信息与公开信息不一致时，投资者会选择性忽略，其过度自信程度并未发生改变。因此，投资者对公开信息存在非对称反应，使得投资者过度自信程度会进一步增强，导致股票收益率表现为动量效应。根据 BSV 和 DHS 模型可以推断，投资者反应不足或反应过度导致股票价格与其内在价值相背离，但长期来看股票价格会回归其内在价值。Laport 等（1997）研究发现在盈余公告日，之前收益率为负、与公司内在价值相背离的股票会大幅上涨，再次印证了 BSV 和 DHS 的结论。

De Long 等（1990）和 Barberis 和 Shleifer（2003）认为正反馈效应会使得投资者更倾向于购买短期内价格上涨的股票，即投资者会根据过去一段时间的股票收益率来推断预测未来的收益率。他们认为好消息会推动股票价格的上涨，因为投资者更倾向于购买这类股票，进而会推动股票价格进一步上升，使得股票收益率表现为漂移现象。另一方面，由于正反馈效应导致股票价格过度反应，随着股票价格逐渐回归其内在价值，导致股票收益率在长期出现反转现象。Hong 和 Stein（HS，1999）同样运用正反馈效应解释股票收益的异常现象。他们认为市场上存在两类相互影响的投资者，一类是信息观察者（Newswatchers），他们只会根据私有信息对未来价格进行预测，不受历史价格信息的影响。一类是“动量交易者（Momentum traders）”，他们只会根据近期的价格变化做交易决策。HS 假设私有信息在信息观测者之间传播得很慢，他们无法获取彼此关于价格的信息，因而信息扩散速度的缓慢导致股票价格的漂移现象。同时，动量交易者的最优投资策略是买入上一期价格上涨的股票，并期待股票价格进一步上涨。动量交易者上述行为使得动量效应继续存在，同样也会产生反转现象。因为动量交易者无法观察信息的扩散程度，在股票价格达到其内在价值后，他们仍然继续购买股票导致反应过度，随后产生反转。

Hong 等（2000）研究发现对于资产规模小和分析师覆盖率低的公司，其信息的扩散速度更慢。特别是对于分析师覆盖率低的公司，如果股票的上一期收益率较低，其后期表现仍较差。他们认为由于分析师跟踪人数少，如果公司有好消息，他们会想办法尽快让投资者知道好消息；相反，如果是坏消息，则认为信息传播的速度越慢越好。因此，他们认为信息传播速度慢是动量效应发生的主要原因，支持 HS 的结论。

在 BSV、DHS、HS 的基础上，部分学者结合制度摩擦因素，研究投资者非理性对资本市场的影响。大量文献研究表明当投资者存在异质信念时，卖空机制的存在使得股票价格与其内在价值相偏离的现象得以存在，最常见的异质信念即为投资者过度自信。如果不存在过度自信，投资者信息可以迅速汇集，从而减少彼此的私有信息。Miller（1977）研究发现当投资者对同一只股票持有不同观点时，乐观投资者会买入股票。相反，悲观投资者希望卖出股票，但由于卖空限制使得他们只能呆在市场外。因此，股票价格反应的是乐观投资者的信息，意味着当期股票价格过高，而股票收益率随后会下降。Hirrison 和 Kreps（1978）、Scheinkman 和 Xiong（2003）研究发现当投资者存在异质信念，他们更倾向于购买股票价格高于其内在价值的股票，随后将这类股票卖给更乐观的投资者。他们认为卖空限制在这其中发挥了决定性的作用。如果没有卖空限制，投资者只需卖空就能获得获利，而存在卖空机制时，他们只能通过先买入后卖出的方式才能获利。Diether 等（2002）用分析师预测差异程度作为投资者异质信念的替代变量，研究发现分析师预测差异程度大的投资组合，其未来收益率更低。

2.2.3　基于风险偏好的资产定价模型

研究资产定价或交易行为的模型都有一个重要的前提假设，即投资者偏好或投资者对待风险的态度。大量文献基于 Von Neumann 和 Morgenstern（1944）期望效用理论框架，研究投资者风险决策问题。然而，许多研究表明投资者风险决策行为并不符合期望效用理论。为弥补期望效用理论的不足，大量学者基于不同的投资者偏好假设来解释风险决策行为，例如加权效用（Chew 和 MacCrimmon，1979）、隐性效用（Chew，1989；Dekel，1986）、失望厌恶（Gul，1991）、后悔理论（Bell，1985；Loomes 和 Sugden，1982）及展望理论（Kahneman 和 Tversky，1979；Tversky 和 Kahneman，1992）。其中，展望理论在金融研究领域应用最为广泛，对资本市场行为解释也最为有效。因此，本书重点回顾与展望理论相关的研究文献。

Kahneman 和 Tversky（1979）提出展望理论，他们假设投资者面对两个非零的投资决策：（x，p；y，q），即获得 x 的概率为 p，获得 y 的概率的 q，投资者效用函数为：$\pi(p)\nu(x)+\pi(q)\nu(y)$。当投资者面临两种风险决策时，会选择效用最大的方案。展望理论认为投资者效用取决于获利和损失，并非 Markowitz（1952）认为的取决于最终的财富水平。更为普遍的是，展望理论更符合人们感知，例如人们在做决策时，更倾向与先前的水平进行对比，即投资者决策取决于相对水平，而非绝对水平。其次，与获利相比，投资者对损失更为敏感，即获利时，投资者表现为风险厌恶；相反，亏损时，投资者则表现为风险偏好。在之前研究的基础上，Tversky 和 Kahneman（1992）通过引入多次决策模型，将展望理论拓展为更一般化的模型。

Barberis 等（BHS，2001）认为投资者效用不仅取决于财富的绝对水平，还会受财富波动的影响。对于财富波动，投资者偏好表现为风险厌恶，且风险厌恶程度受前期投资业绩的影响。其次，与财富增长相比，投资者对财富减少更为敏感，即投资者厌恶损失。如果投资者前期获利了，那么投资者厌恶损失程度会降低。相反，如果投资者前期处于亏损状态，则损失厌恶程度会进一步提高。根据上述推断，由于前期股票价格的上涨使投资者获利，进而增强了投资者承受亏损的能力，即投资者风险厌恶程度降低。相反，如果前期股票价格下跌导致投资者处于亏损状态，那么投资者风险厌恶程度增加。因此，投资者风险厌恶程度的转变有助于解释股价波动的现象：股票价格的上涨使得投资者风险厌恶程度降低，引发股票价格的进一步上涨。与此同时，由于投资者风险厌恶程度不断降低，随后的收益率也会下降。更进一步，股票收益率的大幅波动通常意味较差的市场表现，导致风险厌恶的投资者对这类股票会要求更高的溢价水平，因而解释了股权溢价现象。

以上通过对传统资产定价理论和行为金融资产定价理论的梳理，可以发现在资本市场中，投资者根据自身所掌握的信息进行投资决策。然而，在一个信息不完全的市场里，投资者拥有的信息不仅是不充分的，而且信息在投资者之间的分布也是非对称的，导致市场的运行并非是有效的。信息不对称现象产生的原因是：投资者搜寻信息是需要成本的。由于成本因素的制约，当与信息相关的预期收益或风险损失很小时，投资者往往不愿意花费太高的成本去搜寻信息；而当信息所涉及的经济利益较大时，投资者愿意搜寻信息以降低风险和减少损失。但信息搜寻需控制在一定范围内，尽管信息可能会增加预期收益或降低风险损失，但当信息搜寻成本大于经济利益时则得不偿失。

作为资本市场重要的信息中介，新闻媒体通过信息的搜集、整理、加工和传播，向投资者传递各种有价值的信息。媒体会涉及政治、经济、法律、市场等宏观环境，同时也会对资本市场和上市公司进行报道。投资者通过新闻媒体可以更全面的了解与上市公司经营水平、盈利能力以及未来发展的情况，有助于降低上市公司与外部投资者的信息不对称程度，改进市场的信息效率和资本配置效率。

2.3 媒体报道与资产定价

资本市场信息效率体现为股票价格对信息的反应程度。通常认为，股票价格对信息的反映越及时、越充分，资本市场信息效率就越高。信息经济学认为，价格作为一种反映资源稀缺性和资源利用效率的信号，是引导市场实现资源合理配置的基本工具。资本市场本质上是一种信息市场，股票价格涨跌反映了信息的变化。随着信息效率的提高，股票价格才能更好地发挥信号作用，实现资本市场最基本的功能——引导资源实现合理配置。然而，由于资本市场普遍存在信息不对称的问题，导致股票价格往往不能很好地反映企业的基本面信息，从而削弱了资本市场的资源配置功能。长期以来，新闻媒体通过信息的搜集、加工、整理和传播，被认为在资本市场中扮演着重要的信息中介的角色。

已有文献认为新闻媒体影响资本市场可能存在三种不同的影响路径：第一种观点是以传统资产定价模型为理论基础，认为媒体报道向投资者传递了信息，改变了投资者的信息结构，进而影响投资者行为及资产价格。第二种观点基于行为金融理论视角，认为媒体报道通过影响投资者注意力或投资者情绪，进而作用于投资者行为及资产价格。第三种观点认为媒体报道通过声誉机制和行政干预机制提高公司治理水平，最终体现为股票价格的变化。因此，本书根据上述三种观点，分别梳理媒体报道与资产定价领域的相关文献。

2.3.1　媒体报道的信息效应

传统资产定价理论假定市场是完美的，投资者可以无成本地从市场获取信息，并且信息在投资者之间的分布是无差异的，因此信息能够迅速地反映在股票价格中（Merton，1987；McNichols 和 Trueman，1994）。但是对投资者而言，信息的搜集、整理和分析师是需要付出成本的。由于成本的存在，投资者可能不会选择理性无知，而是通过公开信息来判断和评估股票价格（Downs，1957）。因此，信息在不同投资者之间是有差异的，即存在信息不对称导致价格无法充分反映全部信息（Grossman 和 Stiglits，1976）。

信息传播是新闻媒体最重要和最根本的职能。在资本市场中，股票价格波动反映的是信息的变化，谁能更快获取信息就意味着获利的机会。资本市场本质是一种信息市场，媒体通过对上市公司进行新闻报道，可以降低上市公司与投资者之间的信息不对称程度，帮助投资者更清楚地了解上市公司经营状况、盈利能力和未来发展的信息，降低信息风险。媒体报道的信息效应主要体现在两方面：一是增加投资者信息，媒体作为一种信息中介，通过收集、挖掘、整理和传播信息，为投资者提供了大量有价值的信息，降低了弱势群体的信息收集成本（陈泽艺和李常青，2017），因而新闻媒体可以改变知情投资者和非知情投资者的比例；二是增加投资者认知，媒体报道使投资者察觉到更多的投资机会，降低投资者搜集信息的成本，从而缓解了公司与投资者之间的信息不对称（杨继东，2007）。现有文献主要从媒体报道与市场反应、媒体报道与盈余预测，以及媒体报道与公司财务决策等几个方面，证明媒体报道能够降低信息不对称程度，改进市场信息效率。

Veldkamp（2006）认为资本市场存在两种均衡：低信息和低价格均衡，以及高信息和高价格均衡。由于信息供给存在固定成本和零复制成本的特点，因而媒体报道的信息越丰富，投资者获取的信息越多，使得投资风险降低，从而导致股票价格的上涨。而且媒体对资本市场的覆盖范围越广，股票价格波动的幅度越小，意味着媒体有助于提高资本市场的定价效率。Fang 和 Peress（2009）认为媒体报道数量的增加，提高了投资者的认知，降低了信息风险。他们研究发现与媒体曝光度高的股票相比，没有被媒体报道的股票未来收益更高，这种效应在小市值、个体投资者比例高、分析师人数少、股价波动大的股票中更为明显。Tetlock（2010）研究发现新闻报道当天的股票收益率与之后的收益率显著正相关，并且当天交易量越高，相关性越强；在新闻报道附近的交易日，股票交易量与股价波动幅度呈现同步性，并且新闻报道会降低知情交易者对股价的影响，研究结论支持媒体报道有助于降低信息不对称程度，增进市场定价效率。

Tetlock 等（2008）认为媒体报道的内容能够发现上市公司价值中一些难以量化的信息，能够为盈余预测提供增量信息。他研究发现媒体负面报道预示着较低的盈余水平，针对上市公司盈利能力的负面报道，能够向市场参与者传递上市公司业绩指标之外有价值的信息。同时，市场对负面新闻的反应有一天的滞后，利用市场反应的滞后构造投资组合可以获得超额收益。进一步研究表明，与上市公司基本面信息相关的新闻报道对盈余预测更准确，并且对市场的冲击也更强烈。黄俊和郭照蕊（2014）研究发现随着媒体报道数量的增多，使得更多公司层面信息能够迅速融入资产价格，因而降低了股票价格同步性。罗进辉和杜兴强（2014）研究发现媒体对上市公司的频繁报道显著降低了公司股价未来崩盘的风险。谭松涛等（2015）研究发现，随着新闻媒体对上市公司关注度的提升，分析师的预测乐观度和预测偏差程度越低，对于财务信息透明度较差的上市公司而言，媒体报道降低分析师预测偏差的作用越明显。更进一步，用媒体关注度作为媒体分歧的衡量指标，媒体关注度越高意味着媒体之间的分歧越小，当媒体意见比较一致时，分析师预测乐观程度和预测偏差越低。

上述文献主要关注媒体报道次数对股票收益、股价同步性及股价崩盘风险的影响，认为媒体具有信息扩散的功能，降低投资者信息收集成本和投资者风险。同时，国外学者还研究媒体对公司盈余信息的报道是否会影响股票价格。Dyck 和 Zingales (2003) 将盈余分为会计盈余（GAAP earnings）和备考盈余 (alternative earnings estimates released by companies to eliminate the impact on earnings of “extraordinary” charges)，研究发现当媒体首先报道会计盈余，那么市场对会计盈余信息反应则更为敏感，而备考盈余信息对股票价格影响较弱，反之同样成立。进一步地说，如果媒体只报道会计盈余或备考盈余，市场对该类盈余信息的反应则更为强烈。与 Dyck 和 Zingales 的研究类似，Vega (2006) 用私有信息交易的概率、投资者对公开信息认可的一致程度，以及公司被媒体报道的天数，作为区分私有信息和公开信息，以及知情投资者和非知情投资者比例的指标，研究发现知情投资者比例高和投资者对公开信息认可度高的股票盈余漂移现象较弱，而媒体报道高的股票则表现为较强盈余漂移，上述结果表明媒体报道影响了非知情投资者，从而导致盈余漂移。Bushee 等（2010）研究发现盈余公告前后的媒体报道可以降低公司信息不对称程度，表现为较低的报价差异和较高的市场成交量。Chen 等（2015）研究发现投资者在社交网络上讨论的内容和观点对公司未来的盈余及股票收益有一定的预测效果。

国内外学者还研究媒体报道对公司 IPO、股票回购等特殊事件的影响，认为媒体报道可以降低信息不对称程度，提高资本市场效率。Pinto（2015）研究发现在股票回购公告附近，媒体报道数量与公司实际回购的股票数量负相关，在公司资产价格误定价程度比较低的情况下更为明显。进一步研究发现，如果公司股票误定价程度较高，公司必须通过兑现回购计划，从而传达资产价格被低估信息价，较低的媒体报道会导致未来三个月，六个月和十二月的股票超额收益。熊艳等（2014）研究发现媒体报道能降低 IPO 询价过程中的信息不对称程度，使机构投资者的整体报价与内在价值相趋近，提高了一级市场的定价效率。汪昌云等（2015）研究发现公司的媒体信息管理行为在提高 IPO 发行价的同时，降低了 IPO 的抑价水平，提高了资本市场的定价效率。进一步研究发现，媒体关注度对 IPO 首日换手率无显著影响，表明媒体提高了 IPO 定价效率主要依靠其信息传播作用。

2.3.2 媒体报道与投资者注意力

信息不对称视角的媒体定价功能的基本假设是媒体报道为受众提供了增量信息。但是，由于投资者是不完全理性的，媒体报道提供的新消息在缓解信息不对称的同时，也可能会吸引投资者的注意力，进而作用于股票价格。

有效市场假说认为有价值的信息会立刻反映到股票价格上。这一假定认为投资者是完全理性的，能够对信息做出准确的判断，使得有价值的信息能够及时、充分地反映到股票价格之中。然而，心理学家研究表明投资者注意力是有限的，只能处理一部分信息。Deutsch（1963）和 Norman（1976）认为，虽然人的大脑能够识别所有的信息，但由于人的注意力是有限的，大脑只能处理一部分信息，而不是所有的信息。通常认为，人对某一事物的观念是根据过往的知识和经验所形成的，使得人们过往的知识和影响会影响人对不同事物或不同信息的关注程度。因此，人们在接受信息、分配注意力和处理信息的过程中会表现出一定的个人偏好或个人倾向。不同的外部信息之间会存在差异，由于人们在处理信息过程中会依赖于过往的知识和经验，会导致人们只关注和重视自己熟悉的信息，而忽视不了解或不感兴趣的信息。Kahneman（1973）认为人们处理信息的过程除了受到过往知识和经验的影响之外，人们在接受信息时，会主动地对信息进行甄别和处理。Eysenck（2012）认为影响人们注意力分配存在两种不同的路径：（1）影响注意力的总体水平，将所有信息作为一个整体对待；（2）影响注意力在不同信息之间的分配，即集中到某一类特定的外部信息。因此，在探讨新闻媒体影响投资者注意力时，应区分两种不同的路径。第一，注意力总体水平。媒体效应是注意力总体水平的体现，媒体通过对信息的收集、加工、整理和传播，能够引起投资者的广泛关注，进而改变了投资者的注意力分配过程及行为及决策。第二，注意力在不同信息之间的分配。在研究新闻媒体在资本市场中的作用时，不应只关注媒体对市场的影响，还应比较投资者对不同信息的反应是否存在差异。

上述心理学研究成果表明人的注意力是有限的，并不能处理所有的信息。在金融学研究领域，Merton（1987）同样对传统资产定价理论关于完备信息和投资者理性的前提假设提出了质疑，他认为关于资本市场的研究，最重要的问题是投资者获取信息的速度及投资者的反应速度，传统资产定价理论假设投资者能够迅速接受所有的信息并反映在股票价格之中。然而现实世界中，由于人的注意力是有限的，在信息传播过程中，投资者对信息的接收可能会出现延迟。因而投资者面临的是信息不完全的市场。由于投资者拥有的信息是不完备的，并且信息在投资者之间的分配也是非对称的，导致投资者无法获取整个市场的信息，而只了解部分市场，因此，只能在一定范围内选择次优的投资组合。另一方面，过往的知识和经验会使得投资者拥有一个特定的注意力分配函数，投资者会根据自身的注意力分配函数对市场上所有的信息进行处理和判断，进而改变投资者的认知，最终作用于股票价格。在这其中，新闻媒体在吸引投资者注意力方面发挥着重要作用。新闻媒体对上市公司的宣传和报道，可以吸引投资者对上市公司的广泛关注。投资者在对公司相关信息进行评估后，选择买入这类公司的股票，从而使得公司价值有所提高。对中小投资者或不知情投资者而言，媒体报道尤为重要，因为他们面对的上市公司数量越来越多。

席勒（2007）认为媒体在使大众对新闻更感兴趣的同时，也成了投机性价格变动的宣传者。新闻媒体通过报道投资者早已熟知的股票价格变动来增加新闻的可读性和趣味性等方式，提醒投资者关注市场上过去发生的一些事件和其他可能采取的交易策略。Barber 和 Odean（2008）认为由于市场上存在数千只股票，导致个体投资者在购买股票时面临巨大的信息搜寻成本。由于个人投资者并不具备专业的投资能力，导致个人投资者无法获取市场上全部的信息，并且无法依据已有的信息作出最优投资决策。在这种情况下，个人投资者往往会选择市场交易量异常、收益率异常或媒体广泛宣传和报道等容易吸引其注意力的股票。然而，机构投资者拥有更大规模的资金、更专业的能力，他们能够获取更多的信息并判断股票的价值。因此，个体投资者更倾向于购买能够吸引其注意力的股票，而机构投资者则不会。

Huberman 和 Regev（2001）以一家生物医药公司 EntreMed 为例，研究发现《纽约时报》于 1998 年 5 月 3 日（星期天）报道了关于癌症治疗方法的一项重大突破，新闻中提及 ENMD 公司。《纽约时报》的这篇报道使得 ENMD 公司的股票价格迅速上涨。然而，这篇报道并不包含任何新消息，新闻中提到癌症治疗方法早已于 1997 年 11 月发表在《自然》期刊。从 ENMD 公司股票价格的走势可以看到，当相关研究进展在《自然》期刊刊登后，1997 年 11 月该公司股票价格只有很小的变化，而当《纽约时报》在 1998 年 5 月 3 日对该事件进行报道后，该公司股票价格出现了大幅上涨。按照股票价格应等于其内在价值的方法，当新消息出现时，股票价格会及时修正。因此，上述新消息应在 1997 年 11 月迅速反应在 ENMD 公司股票价格上，而不是 1998 年 5 月。实际上，《自然》和《纽约时报》都报道了同一件事实，但市场反应却截然相反。由此推断媒体报道的类型和受众对象都会影响投资者选择，进一步可以推断《纽约时报》作为公众媒体，受众对象、舆论影响范围比《自然》更广，也更容易吸引投资者注意力。与 Huberman 和 Regev 的研究相似，Takeda 和 Yamazaki（2006）研究发现电视节目会影响股票价格，特别是节目内容涉及产品研发或营销时，电视节目对股票价格的影响更为显著；当观众人数越多，电视节目对股票收益率的影响更大。更进一步，他们发现即使不包含任何新的信息，电视节目仍然能影响股票价格。Carlos 等（2009）研究发现媒体虚假信息同样影响股票价格。2008 年 9 月 8 日，媒体报道关于美国联合航空公司（United Airlines）即将进入破产程序的一则新闻，导致当日美国联合航空公司股票价格迅速下跌 70%。随后，美国联合航空公司迅速在媒体上发表澄清公告，公司目前经营状况想好，根本没有破产风险。关于即将破产的消息源于 6 年前的一条旧信息，被一位投资者重新发布在互联网媒体上。然而，即使虚假信息得到澄清，股票价格并没有及时回到之前的价位。

新闻媒体除了报道与公司相关的特定事件之外，还可以通过采访公司 CEO 的形式吸引投资者注意力。Meschke（2011）以 CNBC① 采访公司 CEO 为研究样本，发现媒体对公司 CEO 的采访和报道是吸引投资者注意力的常见方式，即 CEO 访谈导致市场成交量显著增加。原因在于对公司 CEO 的采访和报道有助于投资者了解公司相关信息，进而帮助投资者评估公司未来的发展能力和发展机会。通常认为对公司 CEO 的采访与报道不包含任何新信息，因此可以剔除新信息对研究结论的干扰，单独考察股票价格的变化是否会受到投资者注意力的影响。在 Meschke 的研究基础上，Nguyen（2015）利用搜索引擎作为媒体报道的替代变量，并通过构建 CEO 曝光指数和正面曝光指数，研究 CEO 曝光程度对公司价值的影响。研究发现与 CEO 曝光度低的公司相比，CEO 曝光度高，以及 CEO 正面曝光度高的公司股票超额收益分别高出 8% 和 7%。张雅慧等（2011）认为投资者对富豪榜感兴趣，因而出现在富豪榜的上市公司更容易吸引投资者的关注，他们研究发现这类股票在事件期内的超额收益为负。

Chan（2003）将股票分为两类，一类是高收益率并且伴随媒体报道的股票，另一类是没有任何新闻曝光，但价格大幅波动的股票。他研究发现收益率高且有新闻曝光的股票，之后一段时间内股票价格呈现漂移现象，而没有媒体关注的股票则相反。更进一步研究发现，媒体报道的坏消息导致股票价格在未来的 12 个月时间里呈现负向漂移，而好消息的漂移现象则没有那么明显，表明投资者对坏消息反应不足。没有新闻报道的股票价格在

① CNBC：Consumer News and Business Channel，是美国全国广播公司 NBC（National Broadcasting Company）与道琼斯公司合作开办的新闻频道，专注实时商业新闻和金融信息。

随后出现反转，表明投资者对价格波动反应过度。Lumsdaine（2009）关注处于金融危机初期阶段的银行股票，以每条新闻的阅读次数作为投资者注意力的替代指标，研究发现阅读次数多的股票收益率低于未被媒体报道的股票，并且阅读次数与股票价格波动幅度正相关。

Tetlock（2011）考察市场上的投资者能够准确区别出新闻报道中的新消息和旧消息。他通过将每一篇新闻报道的内容与前十篇报道进行比较，以该篇报道与其他报道的内容相似度来区分新消息和旧消息，如果该篇报道与其他报道的相似度较高，则表明该篇报道所包含的新消息越少。他研究发现投资者对旧信息的反应程度较小；旧信息发布当天的股价收益率与随后一天的收益率负相关，表明投资者仍然对旧消息反应过度了。进一步研究表明，旧信息主要影响了个人投资者，表明与机构投资者相比，个人投资者的信息处理和甄别能力较弱。与 Tetlock（2011）类似，余峰燕等（2012）研究发现媒体重复信息会影响股票收益，并且好消息重复程度越高，相应的股票收益率越低。但这种影响是暂时的，投资者对旧消息的过度反应在短期内会得到修正。进一步研究发现机构投资者和个体投资者对媒体重复信息的反应不一致，重复信息效应主要集中在股价较低、市值规模小，以及个人投资者比例高的股票。

2.3.3　媒体语气与市场反应

对于信息的传播，社会心理学家 Lewin（1947）认为信息总是沿着含有门户的某些渠道流动，在这些渠道里，要么根据公正无私的规定，要么根据媒体的个人意见，对信息或商品是否被允许进入渠道或继续在渠道里流动作出决定。传播学家 White（1950）发现在大众传播的新闻媒体中，媒体对新闻信息进行取舍，决定哪些内容最后与受众见面。倘若媒体以传播事实为导向，以中立的角色履行把关责任，采用客观、真实的评判标准对信息进行加工、转载，那么媒体报道是无偏的（陈泽艺和李常青，2017）。

但是，媒体也会基于自身利益而偏离真实客观的标准，或追逐轰动效应而产生媒体媒体或表达出媒体情绪，向受众报道有偏或带有个人情感的报道。已有研究表明投资者不仅关注市场信息的内容，同样也会受到信息呈现方式的影响（Hirshleifer 和 Teoh，2003）。Gentzkow 和 Shapiro（2006）认为媒体选择信息来源、斟酌语句语气或对报道内容进行不同程度的取舍，是形成媒体报道偏差的重要原因。现实社会中，媒体有偏报道的现象十分普遍，如媒体可能为获得广告收入或迎合公众偏好而追捧某些明星 CEO，而不考虑这些 CEO 的实际经营能力（醋卫华和李培功，2015）。

投资者在决策过程中，并不仅仅只依赖于已有的知识和经验。投资者在获取信息及形成认知的过程中，由于问题表述形式的不同，投资者所获得信息认知程度也会有所差异，使得投资者对媒体信息的解读和分析也会受到媒体报道内容和报道方式的影响。在市场逻辑的侵染和市场利润的驱使下，新闻媒体在报道时往往会传递和渲染某种观点。由于投资者在决策过程中，会受到媒体报道内容及报道方式的影响，因而投资者情绪会受到媒体报道内容的影响，进而影响投资者对媒体信息的解读和分析，最终反映在股票价格当中。

Mullainathan 和 Shleifer（2005）认为媒体报道偏差可能来自媒体报道的提供方，如记者、编辑或媒体所有者的个人偏好，也可能来自媒体报道的需求方，如受众、政府、广告商等利益集团的偏好或需求的迎合。媒体在选择报道对象时存在主观性，往往挑选经常发表偏激言论的公司或投资政策“在政治上不正确”的公司（DeAngelo 等，1994，1996）。媒体也可能会根据受众的评判标准而选择所报道的新闻，形成有偏报道（Shoemaker，1991）。在牛市期，投资者更关注成长预测和相关的新闻，公司披露正面消息而隐藏负面消息的动机增强。而记者为了保持消息渠道畅通以利于个人职业生涯发展，也愿意认可这些正面话题。因此，牛市期间媒体报道的负面消息较少（Dyck 和 Zingales，2002）。此外，广告支出也会影响媒体对广告主的产品报道的中立性；公司在媒体做的广告越多，被媒体报道的次数也越多（Rinallo 和 Basuroy，2009；Bignon 和 Miscio，2010）。Gunrun 和 Butler（2012）发现由于对当地企业广告收入的以来，当地媒体并没有起到“看门狗”的作用，反而对当地企业过度正面报道。除此之外，媒体报道偏差的影响可能表现为对特定事件进行报道或不对特定事件进行报道，也可能表现为非平衡报道，即隐藏某些事实或突出某些事实（Balan 等，2009），霸王洗发水事件就是典型的非平衡报道。2010 年 7 月 14 日，《壹周刊》在头条刊登了《霸王致癌》一文，指出霸王洗发水中含有“二恶烷”27ppm，超过美国的安全标准 10ppm。文中重点强调了“二恶烷”的危害性，深入描述了其可能对身体造成的危害。但对霸王洗发水中“二恶烷”的来源、是否可以避免以及我国的相关标准却未加以说明。虽然《壹周刊》的报道都是以客观的数据为基础，但为了追求“轰动效应”，采用有偏的放大机制，通过对事实赋予不同的权重，迎合消费者对产品质量缺乏安全感的普遍信念，扭曲了新闻报道的内涵（熊艳等，2011）。

考虑到媒体报道可能存在有偏性，一部分文献将新闻报道中的负面词汇或正面词汇的比例作为衡量媒体情绪的指标，探讨媒体情绪对资本市场的影响。Tetlock（2007）用《华尔街日报》

作为媒体报道的样本，对每天的新闻内容进行分解，按照情感字典将每一个词汇归类到 77 种情感类别中。在此基础上，利用主成分分析方法构建成媒体情绪指数，根据“市场解读”中正面词汇和负面词汇的比例都会得到相应的媒体情绪指数。他研究发现悲观的媒体情绪会会导致道琼斯工业指数（Dow Jones Industrial Averages）承受下行压力，但随后会出现反转，同时异常高或低的媒体悲观情绪会放大市场交易量。与 Tetlock（2007）只关注媒体悲观情绪对资本市场的影响不同，还有学者根据媒体报道内容，将媒体报道划分为正面报道和负面报道，在此基础上研究市场对不同媒体报道态度的反应。Bhattacharya 等（2009）将互联网 IPO 公司与非互联网 IPO 公司进行配对，发现在股市繁荣阶段，媒体更多地对互联网 IPO 公司发布正面报道；与此相反，在股市萧条阶段，媒体对互联网 IPO 公司则倾向于负面报道，进一步研究发现媒体报道不能够完全解释互联网泡沫，互联网与非互联网公司股票之间存在 1646% 的差异，媒体报道仅能解释其中的 2.9%。Garcia（2013）用《纽约时报》作为媒体报道的样本，研究发现与经济扩张期相比，在经济衰退期间，媒体情绪，实质是投资者情绪对道琼斯工业指数（Dow Jones Industrial Averages）的影响更为显著。

与上述文献只关注媒体对整个资本市场的报道不同，部分学者开始研究新闻媒体关于公司层面的报道内容会对资产定价效率产生什么样的影响。游家兴、吴静（2012）研究发现新闻媒体在对上市公司进行报道时，所传递出的媒体情绪越高涨或越低落时，资产误定价的程度越高，并且这种现象在信息不对称程度高的上市公司更为明显。进一步研究发现，与悲观媒体情绪相比，乐观媒体情绪对资产误定价的影响更为显著。还有部分文献研究媒体情绪与 IPO 定价效率的关系。权小峰等（2015）研究发现媒体正面报道和负面报道对公司IPO股价均存在显著的不对称影响，正面媒体报道使投资者反应过度，而投资者对负面媒体报道则表现为反应不足。汪昌云和武佳薇（2015）发现负面媒体语气与IPO抑价率、IPO超募资金比例以及承销商费用占比均显著负相关，进一步研究发现发行公司和承销商有动机和激励通过媒体推介IPO公司，引导、煽动投资者情绪。

2.3.4 媒体报道与公司治理溢价

自Berle和Means提出两权分离以来，公司治理就成为学术界和实务界关注的重点和热点问题之一。麦肯锡公司于2000年针对全球200多家机构投资者，做了一份关于公司治理溢价的调查研究，发现80%的被调查者愿意为公司治理水平更高的公司支付溢价（Felton等，1996）。国内何顺文教授的另一项调查显示，绝大多数受访者认为公司治理与财务状况同样重要甚至更为重要，且100%的受访者愿意投资公司质量状况更好的公司（牛建波，2008）。

公司治理包括股权结构、董事会、监事会、管理层和利益相关者等多个因素，从总体上看，公司治理行为或公司治理整体质量的提升会提高股票价格（Drobets等，2004；Black等，2006；郝臣，2007；曾亚敏和张俊生，2004；王福胜和刘仕煜，2009）。进一步来看，每一种公司治理因素都可能对股票产生影响。从股权结构来看，股东权指数的提高会引起股票价格的上涨，投资者可以获得额外的报酬（Gompers等，2003）；董事会下设提名、战略和审计委员会也能为投资者带来更高的溢价（牛建波和刘绪光，2008），并且提高董事会独立性也会导致股票价格的上升（Black等，2006）；从管理层治理结构来看，管理层壕沟指数越低，投资者的持有收益更高（Bebchuk等，2009）。关于不同治理因素与溢价的关系，Cremers 和 Nair（2005）研究发现，机构投资者与外部潜在接管者对溢价的影响是互补的。只有公众基金持股比例高且接管威胁最高的公司股价上涨最为明显，给投资者带来了更高的投资收益。

媒体报道的公司治理职能具体表现在以下几个方面：第一，媒体关注能有效识别管理层的舞弊行为（Miller，2006；杨德明等，2012），迫使管理层减少盈余操纵行为（于忠泊等，2011），提高公司的信息披露质量（Rupley 等，2012）。第二，媒体能够监督上市公司的薪酬乱象（Core 等，2008；杨德明和赵璨，2012），提高业绩较差的 CEO 被解雇的风险（Farrell 和 Whidbee，2002），抑制控股股东的控制权私利（Dyck 和 Zingales，2004），缓解代理冲突，降低代理成本（罗进辉，2012）。第三，媒体监督迫使董事会提高效率（Joe 等，2009；Bednar，2012），促使公司改正违规行为（Dyck 等，2008；李培功和沈艺峰，2010），提高公司治理水平（醋卫华和李培功，2012）。第四，媒体监督能规范公司的并购决策过程，迫使管理层及时终止市场反应不好的并购方案（Liu 和 McConnell，2013），并惩罚或撤换损害公司利益的高管（吴超鹏等，2012）。

Joe 等（2009）研究发现，被《商业周刊》曝光的效率底下的董事会，会采取明显的措施来提高董事会效率。在曝光后的一年内，被曝光的公司股价表现良好，平均超额收益率为 8.5% 左右。媒体报道不仅能有效抑制管理层盈余操纵行为，提高会计信息质量，还能提高投资则会对公司信息的关注，使其对盈余信息的解读更加透彻，提高定价效率，减少应计误定价（权小锋和吴世农，2012）。在股权分置改革中，媒体报道提高了非流通股东的舆论监督压力，降低了非流通股东在股改中的私有利益，提高了公司治理效率。由于公司治理存在溢价，以及信息风险和不确定风险的降低，中小流通股股东愿意接受的对价更低（徐莉萍和辛宇，2011）。因此，媒体监督通过提高公司治理水平，增强了投资者的信息，最终导致股票价格的上涨。

2.3.5　新闻媒体面对的质疑

上述文献证实新闻媒体作为投资者获取信息的重要渠道，会对资产价格乃至资本市场产生重要影响，因而媒体报道会导致市场或资产价格发生重大变化。然而，席勒（2007）却认为新闻媒体虽然能够回答与市场有关的问题，但缺少对这些问题进行深思熟虑的解释，只是根据市场变化对短期数据进行分析，所以并不会影响股票价格。还有学者认为在资本市场中，经济基本面的变化不能解释股票价格的大幅波动。因此，作为资本市场中的信息传播者，新闻媒体并不会影响资本市场（Jensen，1979；DeAnglo 和 Gilson，1994，1996）。另一方面，如果资本市场的运行是有效的，那么在股票价格发生重大变化的时间，并不会出现重要的新闻报道。有效市场假说认为只要信息一经公开，股票价格就会立刻发生变化，而不需要等到媒体对相关消息进行报道后才有所反映。因此，在股票价格发生重大变化的日期，在新闻媒体上没有发现任何新的信息并不奇怪，因为对于投资者而言，信息早已被敏锐的投资者察觉，并反映在股票价格当中。

Niederhoffer（1971）认为新闻报道的重要事件与股票价格的重大变动只有轻微的联系。他整理了 1950—1966 年期间，《纽约时报》报道的 432 个重要事件日期（大号标题被认为是相对重要的编制）。这一时期标准普尔综合指数发生重大上涨（涨幅超过 0.78%）的天数占所有交易日的 10%，发生重大下跌（下跌幅度超过 0.71%）的天数占所有交易日的 10%。在 43 个重要事件日期中，发生了 78 次（占 18%）重大价格上涨，56 次（占

13%）重大价格下跌。在此基础上，他将7天内发生5次或5次以上重要事件定义为危机，发现处于危机期间，标准普尔综合指数发生重大变化的比例为42%，与此相对应，正常时期重大变化占比为20%。但值得注意的是，在16年样本期间，危机时期仅仅只有11周。Cutler等（1989）整理了第二次世界大战后美国股市发生的50次重大变动，并且附上了新闻媒体对每次变动所做的解释，发现新闻媒体给出的重大价格变动原因包括一些并不重要的表述，例如“价格变动反映艾森豪威尔对经济发展的信心”、“价格变化是对杜鲁门战胜杜威事件的反映”和“前段时期下跌后重新买入”等。他们认为多数的解释与新闻报道没有关系，并且有些都不可能被认定为严肃新闻。

2.4 本章小结

本章梳理和回顾了媒体报道与资产定价研究领域的相关文献。本章第1节和第2节分别回顾了传统资产定价和行为金融的理论基础，以及传统资产定价模型及行为金融理论在资产定价研究领域的发展脉络，为本书的研究内容奠定理论基础。传统资产定价理论以投资者完全理性与有效市场假说为基本前提，认为资产价格反映了所有信息。只有超出投资者预期的消息才可能引发股票价格的波动，当市场上出现新信息时，投资者能够马上识别有价值的信息并反映在股票价格之中。然而，行为金融理论假定投资者存在认知偏差和风险偏好，导致股票价格出现错误定价。但是，由于套利限制的存在，股票价格并不会立即回归其内在价值。根据行为金融理论的观点，新闻媒体影响资本市场主要表现为投资者对信息的反应速度。由于投资者非理性决策，会导致市场出现反应不足或反应过度的现象，导致股票价格与其内在价值背离。投资者对信息的反应模式，涉及投资者的注意力分配及投资者情绪。通过对相关领域研究文献的梳理和回顾，可以发现现有文献主要从信息效应、投资者注意力及投资者情绪三个方面探讨媒体报道对资本市场的影响，并取得了一系列具有理论意义和实践价值的研究成果，为我们后续研究提供了有益启示。但总体来看，现有研究仍存在可以改进的地方。概括起来，主要有以下四个方面。

第一，现有关于媒体报道与资本市场的研究，大多关注纸质媒体（报纸、期刊）在信息传播和扩散过程中的作用，忽视了互联网媒体在信息传播和扩散中的重要作用。近年来，我国新闻媒体的发展格局和国内的媒体环境都发生了巨大的变化。中国互联网络信息中心于 2016 年 1 月 22 日发布第 37 次《中国互联网络发展状况统计报告》，报告显示截至 2015 年 12 月，我国互联网网民数量为 6.88 亿，互联网普及率超过 50%，青年一代更是将互联网媒体作为其获取信息最重要的渠道。同样在资本市场中，互联网媒体也已取代传统纸质媒体，是市场参与者获取投资信息最重要的渠道，原因在于：（1）与传统纸质媒体相比，互联网信息更新及信息传播速度更快。在瞬息万变的资本市场中，股票价格对信息的反应非常迅速，或者说投资机会稍纵即逝，因而谁先掌握最新的信息就意味着拥有获益的机会，所以投资者非常在乎信息更新的速度；（2）与传统纸质媒体相比，互联网媒体的信息资源更为丰富和多元。投资者不仅能够通过互联网媒体获取有价值的信息，还可以通过互动平台实现投资者之间的交流和沟通，进一步提高了市场的信息效率；（3）与传统纸质媒体相比，我国政府对互联网媒体的审查和监管更松，导致互联网媒体信息更加鱼目混珠，投资者如何在海量的新闻报道中提取有价值的信息显得尤为重要。

第二，现有文献为“媒体效应”提供了两种理论解释：(1) 首先，“投资者认知假说”投资者不可能了解资本市场上所有的股票；其次，不同投资者所获取的信息是不对称的（Easley，2002）。因而基于上述信息分配的特点，新闻媒体通过对上市公司进行报道，将信息传递给市场参与者，提高了投资者认知，降低了信息不对称的风险。相反，没有被媒体关注的股票则存在较高的信息风险，因而需要提供更高的风险溢价。(2)“过度关注弱势假说”认为新闻媒体会吸引投资者注意力，从而导致投资者追逐某些市场热点，“过度关注”（Over attetion）能够吸引他们注意力的股票，这种过度关注导致投资者短期对新信息反应过度，从长期来看会出现反转。然而，已有文献仅基于“投资者认知假说”视角，实证检验了媒体效应产生的原因（Fang 和 Peress，2009）；但关于“过度关注弱势假说”的验证仅仅停留在推测阶段，并没有提供严谨的理论模型或直接的经验证据（饶育蕾等，2010），或是对“过度关注弱势假说”的检验不够深入（张雅慧等，2011）。

第三，现有文献主要研究媒体报道数量，即关注度对横截面股票收益率的影响，忽略了媒体报道的正面信息或负面信息会不同程度地影响投资者行为和股票价格（Fang 和 Peress，2009；饶育蕾等，2010；王建新等，2013）。少数文献研究了新闻内容对投资者行为或股票价格的影响：Tetlock（2007）和 Garcia（2013）以媒体关于市场层面的新闻报道内容作为衡量投资者情绪的指标，研究媒体报道内容（content）对市场综合指数的影响。然而，新闻媒体对整体市场的态度，并不能完全和准确地反映公司层面的信息，具体表现为个股收益率与市场综合指数的走势存在相当大的不同，并且不同上市公司之间的个股收益率往往也呈现完全不同的走势。由此可以推断，投资者在作投资决策时，虽然会考虑整体市场行情，但更注重能反映上市公司基本面和预期盈利或发展能力的信息，即上市公司股票价格反映的是与公司盈利能力或发展能力相关的信息。

第四，现有文献忽略了个人投资者和机构投资者的理性程度不同，并且在资金规模、专业能力和风险承受能力等方面存在差异，因而不同投资者对媒体信息的反应很可能不一样，导致研究结论并未达成一致。部分文献认为新闻媒体有助于降低信息不对称程度，增进市场信息效率（Fang 和 Peress，2009；Tetlock，2008，2010）；另一部分文献则认为新闻媒体并未向市场参与者传递有价值的信息，只是影响了投资者注意力或投资者情绪（饶育蕾等，2010；Tetlock，2007；游家兴和吴静，2012；汪昌云和武佳薇，2015）。通常认为，资本市场中存在机构投资者和个人投资者两类主体，不同投资主体之间的差异在于他们获取公开信息的手段是不同的（谭松涛等，2004）。对于个体投资者而言，媒体报道是他们获取公开信息最主要的途径（Barber 和 Odean，2008）。2009 年，深圳证券交易所针对个人投资者进行调研，发现个人投资者主要通过网站、报纸和电视获取证券投资信息或投资技巧，分别占比 82.9%、62.8% 和 49.%。有 42.9% 的投资者认为媒体股评或者财经节目是其进行投资决策的主要依据，超过 25% 的个体投资者甚至将网络搜索上市公司名称作为了解上市公司的渠道。由于获取信息的渠道不同，对于个人投资者而言，旧消息仍旧是新消息。所以对部分投资者来说，媒体报道在吸引注意力的同时，也提供了增量信息。因此，媒体信息的重要程度在个人投资者和机构投资者之间存在很大差异。

第3章 媒体关注度与股票收益

3.1 引言

新闻媒体通过信息的搜集、整理、加工和传播，在资本市场中扮演着重要的信息中介的角色。一方面，资本市场很自然地吸引了新闻媒体，因为资本市场股票价格的每日变化，可以为媒体持续提供新闻素材（席勒，2007）。另一方面，无论股票价格反映了公司基本面信息，还是对公司未来盈利水平和发展能力的预期，这些因素都是通过信息的方式传递给投资者，形成他们对上市公司的认知，最终作用于股票价格。

作为资本市场重要的信息中介，新闻媒体是投资者获取信息的重要渠道之一，同时往往也会吸引投资者注意力（Odean 和 Barber，

2008；饶育蕾，2010）。2015年，作为中国最具权威性、最具影响力的新闻媒体，《人民日报》多次发表关于中国资本市场的评论文章，并且被人民网、新浪、凤凰、搜狐等多家国内主流互联网媒体先后转载。文章分析中国A股市场的大幅上涨反应的是中国发展战略的宏观支撑以及经济改革的内在动力。在新闻媒体的持续报道和关注下，上证指数由年初的3234.68点上涨至年内高点5178.19，创业板个股平均市盈率最高点超过100倍，市场日成交额屡次突破万亿元。然而，2015年6月初，新闻媒体报道证监会开始清查场外配资等非法融资行为，中国A股资本市场应声暴跌。据不完全统计，2015年6月19日至9月15日期间，A股一共60个交易日，其中有16个交易日接近或超过千股跌停，即平均每4个交易日，就有一天遭遇千股跌停。2015年中国资本市场的表现再次印证了席勒（2007）的观点——新闻媒体是资本市场的重要推手。

新闻媒体在资本市场中的重要作用也引起了学术界的广泛关注，但已有文献大多从大盘指数（Tetlock，2007；Garcia，2003）、资产误定价程度（游家兴和吴静，2012）、IPO定价效率（汪昌云和武佳薇，2015）、股票崩盘风险（罗进辉和杜兴强，2014）、股价同步性（黄俊和郭照蕊，2014）等视角，探讨新闻媒体在资本市场中的作用。仅有少数文献关注媒体报道对横截面股票收益的影响。并发现媒体关注度高的股票收益率要低于未被媒体报道的股票收益率，即资本市场存在"媒体效应（Media effect）"（Fang和Peress，2009；饶育蕾等，2010；张雅慧等，2011）。但已有文献对上述现象的理论解释却存在两种截然相反观点：(1)"投资者认知假说"认为媒体报道能够提高投资者的认知，降低投资者的信息风险。相反，没有被媒体关注的股票信息透明度低，因而需要提供溢价来弥补信息风险。(2)"过度关注弱势假说”则认为媒体过度关注（over attention）会导致投资者对媒体信息反应过度，使得股票价格在短期内被高估，但长期来看出现反转。其中，“投资者认知假说”已得到文献验证（Fang和Peress，2009），但对“过度关注弱势假说”的验证仅仅停留在推测阶段，并没有提供严谨的理论模型或直接的经验证据（饶育蕾等，2010），或是对“过度关注弱势假说”的检验不够深入（张雅慧等，2011）。

近年来，我国新闻媒体的发展格局和国内的媒体环境都发生了巨大的变化。互联网等新兴媒体的迅速发展，特别是互联网与金融、教育、交通等公共服务领域的融合，深刻改变了人们生产和生活的方式。中国互联网络信息中心于2016年1月22日发布第37次《中国互联网络发展状况统计报告》，报告显示截至2015年12月，我国互联网网民数量为6.88亿，互联网普及率超过50%，青年一代更是将互联网媒体作为其获取信息最重要的渠道。另一方面，互联网媒体的信息更新速度和信息传播效率，远远高于传统纸质媒体。图3-1报告了2014年1月1日至2015年12月31日期间，51家互联网新闻对各行业上市公司的报道情况，No-Media代表样本期间内从未被媒体报道过的上市公司数量，Low-Media表示各行业日均媒体报道小于中位数的上市公司数量，High-Media表示各行业日均媒体报道大于中位数的上市公司数量。从图3-1可以看出，在样本期间内，51家互联网媒体几乎覆盖了所有的上市公司。从媒体报道绝对数量来看，新闻媒体也更加关注与人们日常生活息息相关的行业，例如C3（包括汽车制造，计算机、通信和其他电子设备制造业）、C2（文教、工美、体育和娱乐用品制造，医药制造业）、I（互联网和相关服务，电信、广播电视和卫星传输服务，软件和信息技术服务业）、J（金融业）、C1（食品制造业，酒、饮料和精制茶制造业，纺织服装、服饰业）、K（房地产业）①。

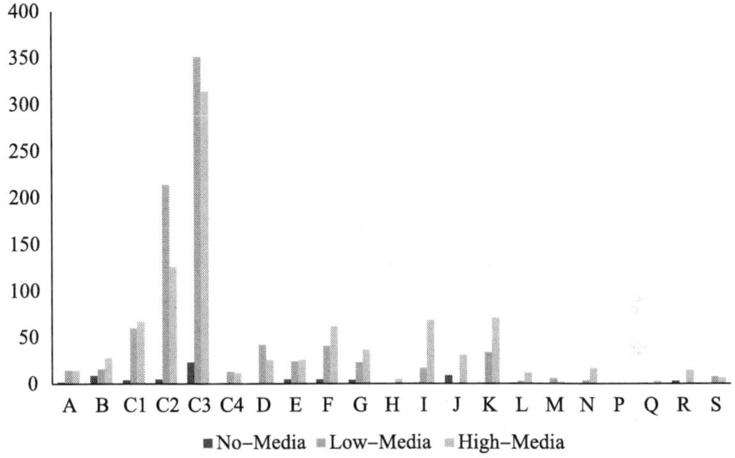

图 3-1 各行业媒体报道分布

在瞬息万变的资本市场中，股票价格对信息的反应非常迅速，或者说投资机会稍纵即逝，因而谁先掌握最新的信息就意味着拥有获利的机会，所以投资者非常在乎信息的数量以及更新的速度。那么，互联网媒体广泛关注和宣传会对上市公司、特别是对上市公司在资本市场中表现产生什么样的影响？围绕上述问题，本章利用 2014 年 1 月 1 日至 2015 年 12 月 31 日期间，新闻媒体关于上市公司的报道数据，将研究样本分为未被媒体报道、媒体关注低和媒体关注度高三组，研究发现未被媒体报道的投资

① 根据证监会发布的 2012 年上市公司行业分类指引，上市公司所属行业分为：A. 农、林、牧、渔业；B. 采矿业；C. 制造业；D. 电力、热力、燃气及水生产和供应业；E. 建筑业；F. 批发和零售业；G. 交通运输、仓储和邮政业；H. 住宿和餐饮业；I. 信息传输、软件和信息技术服务业；J. 金融业；K. 房地产业；L. 租赁和商务服务业；M. 科学研究和技术服务业；N. 水利、环境和公共设施管理业；P. 教育；Q. 卫生和社会工作；R. 文化、体育和娱乐业；S. 综合。

组合收益率要高于媒体关注度高的投资组合收益率。通过买入未被媒体报道的股票，卖出媒体关注高的股票的方式构造投资组合，在控制了市场溢价、资产规模、账市比和动量效应等已知风险因素后，该投资组合仍然可获得超额收益。进一步研究表明，对信息不对称程度高的股票而言，媒体效应更为显著，支持“投资者认知假说”；而投资者关注度高的股票，媒体效应并不显著，不支持“过度关注弱势假说”。

本章的主要贡献体现在：为新闻媒体影响横截面股票收益的原因提供了增量证据。在沿用分析师跟踪人数和异质性风险等作为投资者认知度的代理变量，检验“投资者认知假说”的基础上，还选用媒体持续报道和股票涉及的概念数量作为投资者关注度的代理变量，进一步验证“过度关注弱势假说”，为现有研究提供了增量证据。

本章余下部分安排为：第 2 节为理论分析与研究假设；第 3 节为研究设计；第 4 节为实证分析；第 5 节为进一步研究；第 6 节为稳健性检验；第 7 节为研究结论。

3.2 理论分析与研究假设

关注是一种稀缺的认知资源，大脑处理信息的能力有限。如果信息量超过某个限度，大脑就会选择让一些信息通过，而将另一些信息排斥在外（Broadbent，1958）。因此，对一件事物的关注必然以牺牲另一些事物的关注为代价（Kahneman，1973）。在面对大量信息时，有限关注限制了人们的学习和决策能力（Pashler，1992）。在资本市场中，上千家上市公司每天发布的信息数量成千上万，受限于有限关注，并且考虑到搜集信息的成本，投资者不可能关注市场上所有的公开信息，往往选择性地忽略某些信息，因而导致股票价格对信息的反应不足（Dellavigna 和 Pollet，2009；Hirshleifer 等，2009）。

席勒（2007）认为新闻媒体在资本市场中的作用时通过影响投资者注意力而形成的。投资者关注理论认为，信息通过影响交易者行为进而作用于资本市场。因此，投资者关注是市场反应的前提，即只有当信息已经被投资者关注的情况下，信息才会反映在股票价格之中（权小峰和吴世农，2010）。然而投资者注意力是一种稀缺资源，不可能关注到所有的股票信息，因而新闻媒体通过信息传递和扩散可以影响投资者的注意力分配机制。已有文献基于"投资者认知假说"和"过度关注弱势假说"视角，对新闻媒体在资本市场中的作用进行了理论解释。

（1）"投资者认知假说"。资本市场的信息不完全，使得投资者不能了解市场上所有的股票（Merton，1987）。其次，不同投资者掌握的信息也存在差异，即信息在投资者之间的分布也是非对称的（Easley，2002）。基于上述信息分配的特点，新闻媒体通过信息的搜集、整理、加工和传播，有助于缓解信息不对称，提高投资者认知。在资本市场中，媒体的信息传播职能主要体现在通过对资本市场或上市公司相关信息进行报道，向市场参与者传递包括宏观经济、市场环境、资本市场和上市公司在内的所有信息。因此，新闻媒体可以降低投资者获取信息的搜寻成本，使得投资者可以更快更及时地获取相关信息，进而缓解市场上的信息不对称程度，帮助投资者更清楚地了解上市公司经营情况和发展能力。媒体报道的信息越丰富，投资者获取的信息越多和认知度更高，降低了信息风险。相反，对于未被新闻媒体关注的上市公司而言，投资者认知度较低，异质性风险较高，因而需要提供较高的信息风险溢价补偿。Fang 和 Peress（2009）研究发现未被媒体报道的股票收益率高于媒体关注度高的股票收益率。进一步研究表明，在分析师跟踪人数少、个人投资者比例高、异质性风险高的股票中，新闻媒体对股票收益率的影响更为显著，表明新闻媒体有利于增进信息效率，支持“投资者认知假说”。

（2）“过度关注弱势假说”。席勒（2007）认为市场参与者对投资的判断源于注意力随时间变化而不短交易变化，甚至注意力的转变会导致资本市场的崩盘。Kahneman（1973）认为注意力是一种稀缺资源，意味着人的注意力是有限的。人们在花费注意力关注一件事物的同时，必须要以牺牲对另一事物的关注为代价。有限注意力导致关注度高的信息更容易引起人的注意（Fiske 和 Taylor，1991）。在资本市场中，媒体信息只有在影响投资者交易行为的前提下，才会影响股票价格。因此，被投资者关注的信息才能反映在股票价格之中。由于注意力是有限的，投资者只会关注和购买能吸引其注意力的股票。但是，在信息不完全的市场中，投资者对股票的关注会直接导致“注意力驱动买入行为”和过度交易。“注意力驱动买入行为”是指投资者只会买入能引起他们注意力的股票（Barber 和 Odean，2008）。饶育蕾等（2010）认为这种过度关注导致投资者在短期内对媒体信息反应过度，使得股票价格在短期内高估，但从长期来看，股票收益会出现反转。因此，“过度关注弱势”（Over attention underperformance）导致媒体关注度高的股票未来收益率较低。

基于上述分析，本章提出如下假设：

H1：未被媒体报道的投资组合收益率高于媒体关注度高的投资组合。

3.3　研究设计

3.3.1　研究样本

本章的研究样本为2014年1月1日至2015年12月31日期间，51家国内主流互联网媒体对中国A股上市公司的新闻报道。考虑到中国作为典型的新兴资本市场，表现为个人投资者占比高和换手率高等特征。如果以年或者季度作为研究周期，可能无法反映股票价格波动的真实性。此外，市场或投资者对媒体报道的反应往往在短期内集中呈现出来，很难想象一篇新闻报道会在一年或一个季度之后还会对市场或股票价格产生影响。Huberman和Regev（2001）研究表明，即便是一则轰动性的报道，对市场的冲击也是短期的。因此，过长的时间窗口不利于考察媒体报道对股票价格波动的真实影响。基础此，本章选择星期作为研究周期。根据研究需要，对总样本进行了如下筛选：（1）剔除样本期间ST上市公司样本。考虑到ST上市公司每天的涨跌限制与正常股票不同，并且容易受到新闻媒体的异常关注；（2）剔除样本期间新上市的样本。考虑到中国资本市场存在严重的“新股、次新股”的炒作现象，并且股票上市当天的股票涨幅不受限制；（3）剔除了交易数据缺失的样本；（4）剔除了部分公司名称容易引起歧义的样本。如农产品（SZ.000061）、好想你（SZ.002582）、太平洋（SH.601099）、大西洋（SH.600558）、星期六（SZ.002291）等；（5）剔除样本期间内进行重大资产重组的上市公司。考虑到重大资产重组不仅有严格的信息披露机制，并且重大资产重组的成败对股票价格会产生巨大影响。最终，经过以上筛选，本章总共获得1857家上市公司的182374个星期观测样本。媒体报道数据由中国人民大学“数据工程与知识工程教育部重点实验室”提供。本书的交易数据和财务数据主要来源于RESSET金融研究数据库和CSMAR数据库。

3.3.2 媒体关注度的衡量

本章收集了51家互联网媒体对中国A股上市公司的新闻报道数据。我们通过以下步骤获得互联网媒体每天关于单个上市公司的新闻报道数量：（1）抓取新闻报道，更新数据集。在研究样本期间内，我们每隔一小时都会核实媒体网站上是否出现新的新闻报道。如果网站上出现了新的新闻报道，则将该新闻报道抓取下来，进而更新数据集；（2）识别和抽取新闻报道的主体内容。对于采集下来的每一个原始新闻网页，我们借鉴Cai等（2013）的研究方法，运用信息抽取和自然语言处理中的技术，从原始的HTML网页代码中，识别和抽取出该网页中所包含的新闻报道的主体内容；（3）获得上市公司新闻报道内容。在抽取新闻报道主体内容的基础上，我们借鉴信息检索技术中经典的Okapi BM25算法（Stephen等，1994），分别使用上市公司的股票代码、股票简称和公司名称作为查询条件，从之前采集、分析过的新闻集合中检索到和该上市公司相关的新闻报道，并最终获得每家上市公司当天的媒体报道数量，以此作为度量上市公司媒体关注度的指标。

图3－2报告了各行业日均媒体报道的数量，可以看出互联网媒体对不同行业的上市公司关注程度存在显著差异，特别新闻媒体对J行业（金融业）上市公司的日均报道数量超过了12篇，远远高于其他行业。其次，新闻媒体还比较关注G行业（交通运输、仓储和邮政业）、H行业（住宿和餐饮业）、I行业（信息

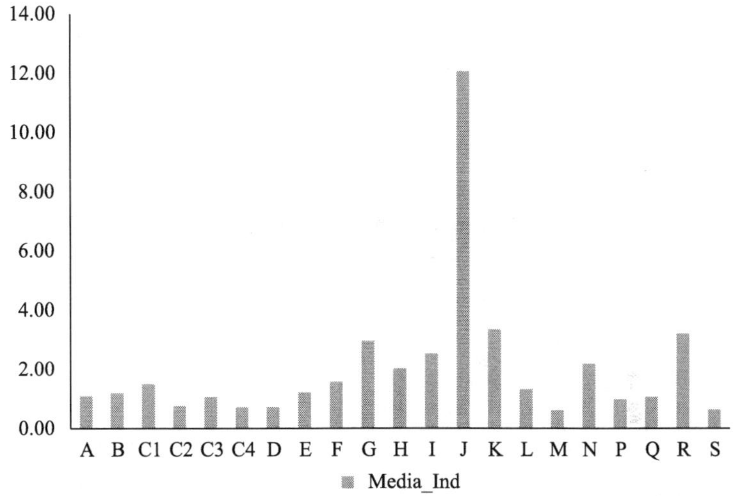

图 3－2 各行业日平均媒体报道数量

传输、软件和信息技术服务业）、K 行业（房地产业）、N 行业（水利、环境和公共设施管理业）、R 行业（文化、体育和娱乐业）。通过分析新闻媒体对各行业关注度的差异，可以发现媒体更关注与人们生活息息相关的行业。导致这一现象的原因可能是新闻媒体之间也存在着竞争，为吸引公众注意力及扩大影响力，新闻媒体往往将注意力放在公众关心的热点问题，并且追逐市场中正在发生的事情，进而有利于使公众成为稳定的客户群体（席勒，2007）。

表 3－1 还报告了行业哪些因素会影响媒体关注度。在回归（1）中，媒体报道数量（Media coverage）与机构投资者持股比例（Fraction of institution ownership）、分析师跟踪人数（Analyst coverage）、上季度股票收益率（Past quarter absolute return）和公司规模（Size）显著正相关，表明机构投资者比例高、分析师跟踪人数多、公司规模大，及股票收益率高的上市公司更容易受

到新闻媒体的关注；另一方面，账市比（Book－to－Market）的系数并不显著，说明新闻媒体对成长型与价值型企业之间的关注没有差异。回归（2）进一步控制了行业和年度因素，结论没有实质性差异。

表 3－1　　媒体报道的影响因素

Media coverage		
	(1)	(2)
Fraction of institution ownership	0.1261*	0.1229*
	(1.94)	(1.81)
Analyst coverage	0.0558***	0.0363***
	(14.90)	(11.94)
Book－to－Market	0.0012	0.0006
	(0.76)	(0.59)
Past quarter absolute return	0.2334***	0.1647***
	(5.91)	(4.42)
Size	0.0724***	0.0592***
	(7.83)	(5.24)
Constant	1.8668**	1.6271**
	(2.41)	(2.21)
Industry		Control
Year		Control
N	14936	14936
R^2	0.1787	0.2649

注：***、**、* 分别表示在 1%、5%、10% 水平上显著。

3.3.3　构造投资组合

根据研究需要，我们将研究样本分为未被媒体报道、媒体关注度低和媒体关注度高三组。根据图 3-2 可以看出，媒体对 G、H、I、J、K 和 R 行业的上市公司的报道数量显著多于其他行业。因此，如果在进行分组时不考虑行业特征，那么媒体关注度高的上市公司主要集中在上述行业。在这种分组方式下所产生的媒体效应，可能反应的是不同行业之间股票收益率的差异。为排除行业因素的干扰，更有效地检验媒体关注度对投资组合收益率的影响，我们按照行业平均数对媒体关注度进行划分，具体分组方法如下：（1）没有媒体报道的上市公司，用 No-Media 表示；（2）媒体关注度较低的上市公司，即当周的媒体报道数量小于或等于其所在行业平均数的上市公司，用 Low-Media 表示；（3）媒体关注度较高的上市公司，即当周的媒体报道数量大于其所在行业平均数的上市公司，用 High-Media 表示。为检验媒体关注度对横截面股票收益率的影响，我们选择在第 t 周买入没有媒体报道的股票，同时卖出媒体关注度高的股票，通过上市方式构造投资组合。在此基础上，计算该组合在第 t+1 周的投资收益率。在样本期间内，我们每周都根据上述方法构造投资组合，并计算该组合在 t+1 周的投资收益率。最终，获得该投资组合周收益率的时间序列数据。

3.3.4　模型设计

已有文献表明股票收益率会受到市场风险、资产规模、账市比和动量因子等风险因素的影响（Fama 和 French，1993；Carhart，1997）。为控制其他风险因素对投资组合收益率的影响，本章借鉴 Fang 和 Peress（2009）的研究方法，分别选用市场模型（the market model）、Fama-French 三因素模型（three-factor model），以及 Carhart 四因素模型（four-factor model），检验媒体关注度是否会影响投资组合收益：

$$Potofolio_t = Alpha_t + \beta_1 RMF_t \tag{3-1}$$

$$Potofolio_t = Alpha_t + \beta_1 RMF_t + \beta_2 SMB_t + \beta_3 HML_t \tag{3-2}$$

$$Potofolio_t = Alpha_t + \beta_1 RMF_t + \beta_2 SMB_t + \beta_3 HML_t + \beta_4 UMD_t \tag{3-3}$$

式3-1、式3-2和式3-3分别表示市场模型、Fama-French三因素模型和Carhart四因素模型。其中，$Potofolio_t$代表投资组合在第t周的收益率，为投资组合的原始收益率；RMF_t为第t周的市场风险溢价因子，等于市场投资组合的周收益率与无风险周收益率之差[①]，代表市场风险对投资组合收益率的影响；SMB_t为第t周资产规模风险因子，等于小规模公司投资组合的周收益率与大规模公司投资组合的周收益率之差，反映资产规模对投资组合收益率的影响；HML_t为第t周账市比风险因子，等于高账市比公司的投资组合周收益率与低账市比公司的投资组合周收益率之差，表示成长型与价值型股票之间的差异；UMD_t为第t周动量因子，等于高收益率的投资组合周收益率与低收益率的投资组合周收益率之差。

根据本章理论分析部分的推断，如果存在媒体效应，即未被媒体报道的投资组合收益率更高，而媒体关注度较高的投资组合收益则较低。那么可以预期，通过买入没有媒体报道的股票，同时卖出媒体关注度较高的股票的方式构造零投资组合，可以获得无风险收益。如果在控制市场溢价风险、资产规模、账市比和动量效应等已知风险因素之后，式3-1、式3-2和式3-3的常数项$Alpha_t$仍显著为正，表明通过媒体关注度构造投资组合可以获得无风险收益，表明存在媒体效应；反之，如果在控制已知

① 无风险收益率来自“RESSET债券—无风险收益”数据库，用上海银行间3个月同业拆放利率表示。

风险因素之后，式 3－1、式 3－2 和式 3－3 的常数项 $Alpha_t$ 不显著，则表明已知风险因素已有效解释了投资者组合的收益，而媒体关注度不会影响股票收益。

3.4　实证分析

3.4.1　单变量分析

表 3－2 报告了单变量分析的结果，可以看出，未被媒体报道、媒体关注度较低和媒体关注度较高的股票投资组合，第 t+1 周的平均收益率分别为 1.92%、1.78% 和 0.69%，没有媒体报道与媒体关注度较高的投资组合的周平均收益率相差 1.23%，在 5% 的水平上显著，可以发现未被媒体报道的投资组合收益率高于媒体关注度较高的投资组合收益率，初步证明了前文的推断。

我们依次按照公司规模、账市比和过去一年收益率将研究样本分为三组，分别检验在不同的公司特征下，媒体关注度对投资组合收益率的影响。Panel A 报告了按资产规模进行分组后的单变量分析结果，可以发现在资产规模小、资产规模中等和资产规模大的组中，未被媒体报道和媒体关注度的投资组合在第 t+1 周的收益率之差分别 0.34%、0.39% 和 0.29%，在资产规模小和资产规模中等的组，未被媒体报道与媒体关注度高的投资组合收益率的存在显著差异，但是在资产规模大的组，上述差异并不显著；Panel B 报告了按账市比进行分组后的单变量分析结果，可以发现在账市比低、账市比中和账市比高的组中，未被媒体报道和媒体关注度的投资组合在第 t+1 周的收益率之差分别

0.38%、0.67%和0.46%，但对账市比高的投资组合而言，未被媒体报道与媒体关注度高的投资组合之间收益率的差异并不显著；Panel C报告了按过去一年收益率进行分组后的单变量分析结果，可以发现在过去一年收益率低、中和高的组中，未被媒体报道和媒体关注度的投资组合在第t+1周的收益率之差分别0.49%、0.47%和0.17%，但在过去一年收益率高的组，未被媒体报道的股票投资组合收益率并没有显著高于媒体关注高的股票，其他两组均存在显著差异。

表3-2　　单变量分析

	Media				Pr - Statistics for Pos - Neg
	No	Low	High	High - No	
All Stocks	1.92	1.78	0.69	1.23**	0.03
Panel A: By Size					
1	0.67	0.44	0.33	0.34**	0.05
2	0.73	0.46	0.34	0.39**	0.03
3	0.52	0.66	0.23	0.29	0.21
Panel B: By Book - to - Market					
1	0.79	0.71	0.41	0.38*	0.08
2	1.04	0.79	0.37	0.67**	0.02
3	0.75	0.72	0.29	0.46	0.14
Panel C: By Past Year Return					
1	0.68	0.45	0.19	0.49**	0.01
2	0.75	0.63	0.28	0.47**	0.03
3	0.49	0.60	0.32	0.17	0.36

注：***、**、*分别表示在1%、5%、10%水平上显著。

3.4.2　多变量分析

单变量检验结果并没有控制其他风险因素对投资组合收益的影响。除媒体关注度之外，已有文献发现市场溢价风险、规模因子、账市比因子和动量效应等风险因素都会影响投资组合收益率。为得到更为可信的结论，需要控制其他已知风险因素影响的情况下，进一步检验媒体关注度对投资组合收益的影响。

表 3 - 3 分别报告了市场模型、Fama - French 三因素模型和 Carhart 四因素模型的回归结果，可以发现在市场模型中，常数项 Alpha 在 5% 的水平上显著为正；在 Fama - French 三因素模型和 Carhart 四因素模型中，常数项 Alpha 在 10% 的水平上显著为正。上述回归结果表明，通过买入未被媒体报道的股票、同时卖空媒体关注度高的方式构建投资组合，在控制了市场风险、规模因子、账市比因子和动量效应等已知风险因素后，该投资组合仍然能获得超额收益。与此同时，市场风险因素（RMF）的系数显著为负，说明与买入（未被媒体关注）的股票相比，卖空（媒体关注度高）的股票收益率与市场收益率的相关程度更高；规模因子（SMB）的系数在 1% 的水平上显著为正，表明通过媒体关注度构造投资组合对小规模股票而言有正向的影响；账市比因子（HMB）的系数和动量效应（UMD）的系数均不显著。

投资组合能够获得超额收益可能源自两方面的原因：(1)“投资者认知假说”认为投资组合的超额收益来自未被媒体报道的股票，因为这类股票的信息不对称风险更大，需要提供更高水平的风险溢价；(2)“过度关注交易假说”则认为投资组合的超额收益来自媒体关注度高的股票，因为这类股票更容易吸引投资者注意力，导致投资者在短期内对媒体信息反应过度，但从长期来看会出现反转。为考察媒体效应产生的原因，我们将投资组合

表 3－3　　多变量分析

	(1) CAPM 模型	(2) Fama－French 三因素	(3) Carhart 四因素
Panel A：Long No－Media Stocks，Short High－Media Stocks			
RMF	－0.5597***	－0.3999**	－0.3930***
	(－6.44)	(－4.99)	(－4.69)
SMB	—	0.0647***	0.0650***
	—	(3.30)	(3.29)
HML	—	0.0676	0.0620
	—	(0.40)	(0.38)
UMD	—	—	0.0183
	—	—	(0.29)
Alpha	0.0086**	0.0053*	0.0052*
	(2.22)	(1.87)	(1.84)
Observations	102	102	102
R^2	0.1912	0.3908	0.4023
Panel B：Long No－Media Stocks			
Alpha	0.0096*	0.0038	0.0037
	(1.76)	(0.95)	(0.93)
Panel C：Short High－Media Stocks			
Alpha	－0.0010	0.0016	0.0015
	(0.46)	(1.04)	(1.01)

注：***、**、*分别表示在1%、5%、10%水平上显著。

分拆为未被媒体报道和媒体关注度高两个独立的投资组合，分别检验两个投资组合在第 t＋1 周的收益率。

表 3－3 的 Panel B 和 Panel C 分别报告了买入未被媒体报道投资组合，以及卖出媒体关注度高的投资组合收益率与市场模型、Fama－French 三因素模型和 Carhart 四因素模型进行回归后的结果，可以发现在未被媒体报道和媒体关注度高的投资组合中，常数项 Alpha 均不显著，因而不能判断媒体效应产生的原因。

表 3－4　　分组回归

	(1) CAPM 模型	(2) Fama－French 三因素	(3) Carhart 四因素
Panel A：By Size			
Small			
Alpha	0.0027 (2.12)	0.0021 * (1.93)	0.0020 * (1.92)
Medium			
Alpha	0.0034 *** (2.67)	0.0030 ** (2.23)	0.029 ** (2.19)
Large			
Alpha	0.0013 (1.04)	0.0002 (0.47)	0.0002 (0.46)
Panel B：By Book－to－Market			
Low			
Alpha	0.0030 ** (2.08)	0.0024 * (1.84)	0.0022 * (1.81)
Medium			
Alpha	0.0050 ** (2.50)	0.0035 ** (2.11)	0.0033 ** (2.09)
High			
Alpha	0.0030 * (1.92)	0.0017 (1.20)	0.0016 (1.18)
Panel C：By Past Year Return			
Low			
Alpha	0.0032 ** (2.39)	0.0018 * (1.83)	0.0017 * (1.81)
Medium			
Alpha	0.0036 ** (2.50)	0.0026 * (1.94)	0.0025 * (1.93)
High			
Alpha	0.0012 (1.10)	0.0007 (0.68)	0.0007 (0.67)

注：***、**、* 分别表示在 1%、5%、10% 水平上显著。

表 3-4 的 Panel A 报告了按资产规模进行分组后的回归结果，可以发现在资产规模大的组，媒体效应并不存在，即未被媒体报道的投资组合收益率与媒体关注高的投资组合收益率之间并没有显著差异。导致上述现象可能源于以下两方面的原因：（1）大规模的上市公司更容易吸引社会的广泛关注，并且信息透明度更高，使得投资者对这类公司更为熟知，因而减弱了新闻媒体在提高投资者认知方面的作用；（2）媒体在进行新闻报道时，可能倾向于报道大规模的上市公司，因而对大规模的上市公司而言，不同公司的媒体关注度并没有显著差异。综上所述，媒体效应在大规模的上市公司中并不显著。

Panel B 报告了按账市比进行分组后的回归结果，可以发现在账市比低，即对于成长型的股票而言，未被媒体报道的投资组合收益率与媒体关注高的投资组合收益率之间仍存在显著差异；而在账市比高，即价值型的股票而言，媒体效应并不存在。上述现象产生的原因可能在于，与价值型股票相比，成长型股票的信息不对称程度，而媒体报道有助于降低信息不对称，提高投资者认知，所以媒体效应在价值型股票中更为显著。

Panel C 报告了按前一年收益率进行分组后的回归结果，与按资产规模和账市比进行分组的回归结果相似，对前一年收益率高的股票而言，媒体效应并不存在。Barber 和 Odean（2008）研究发现前期收益率高的股票更容易吸引投资者的关注。根据 Barber 和 Odean（2008）的研究结论，收益率高的股票已引起投资者的充分关注，因而与其他股票相比，新闻媒体对投资者注意力的支配机制减弱。

3.5　进一步研究：媒体效应的分析

已有文献对媒体效应存在的原因存在以下两种解释：（1）投资者认知假说。媒体报道有助于提高投资者的认知，降低投资者的信息风险；相反，媒体关注度低的股票信息透明度较低。因此，媒体关注度低的股票需要提供更高的溢价来弥补信息不对称的风险（Fang 和 Peress，2009）。（2）过度关注弱势假说（over attention underperform），媒体关注度高的股票会使得投资者在短期内对媒体信息反应过度，导致股票价格在被高估，但长期来看会出现反转。对上述两种假说的检验可以通过延长投资组合的持有期间，观察投资组合未来收益率的表现。如果风险补偿假说成立，那么未被媒体关注的投资组合收益率显著高于媒体关注度高的股票；相反，如果过度关注弱势假说成立，那么媒体关注度高的股票收益率会呈现短期上升和长期反转的趋势（饶育蕾等，2010）。

为进一步考察媒体效应产生的原因，我们分别持有未被媒体报道和媒体关注高的投资组合，分别观察两类投资组合在未来 8 周的收益率情况。图 3－3 报告了使用 Carhart 四因素模型分别对两类投资组合收益率进行回归后的结果，可以发现在控制了市场风险、规模因子、账市比因子和动量效应等已知风险因素后，在未来 8 周时间内，未被媒体报道的投资组合收益率均高于媒体关注度高的投资组合，并且媒体关注度高的投资组合收益率并没有出现明显的反转现象。从两类投资组合未来 8 周的收益率趋势图来看，媒体效应更符合“投资者认知假说”。下面我们将分别从“投资者认知假说”和“过度关注弱势假说”两个层面对媒体效应进行验证。

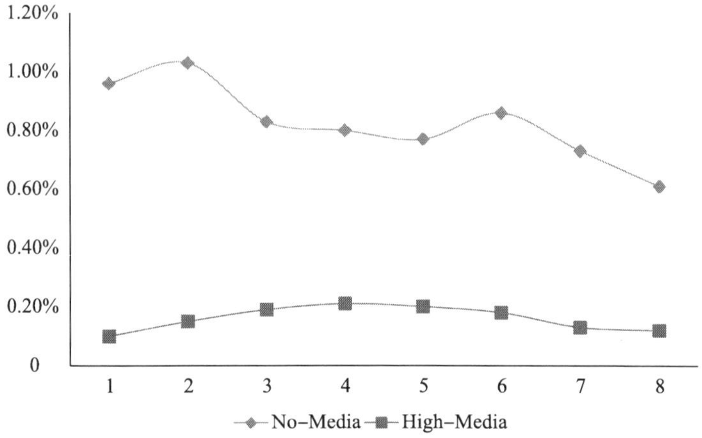

图 3-3 投资组合收益率趋势图

3.5.1 投资者认知假说

Merton（1987）提出“投资者认知假说”，他认为由于市场信息不完全，投资者不可能了解所有的股票；信息在不同投资者之间的分配也是不对称的（Easley，2002）。基于上述信息分配的特点，新闻媒体通过将信息传递给市场参与者，进而提高了投资者认知，而未被媒体报道或媒体关注低的股票，投资者对股票的认知度较低，从而具有较高的异质性风险。基于上述分析，如果媒体报道提高投资者认知，降低信息不对称风险，那么对信息不对称程度高、异质性风险高的上市公司而言，媒体对股票收益率的影响更为显著。

（1）信息不对称程度。Easley 等（2004）研究发现分析师跟踪人数较多的公司，知情交易和不知情交易的频率都较高，但知情交易发生的概率较低，这是因为分析师跟踪人数的增加导致私人信息和公众信息的增加，并且公众信息增加得更多。朱红军等（2007）研究发现分析师能降低股票价格的同步性，即分析师跟踪人数越多的上市公司，其股价同步性越低，表明分析师能够提高股票价格的信息含量，提高资本市场的信息效率。因此，根据已有文献，我们选用分析师跟踪人数作为信息不对称的替代变量：分析师跟踪人数越多，则认为上市公司信息不对称程度越低。

（2）异质波动率。异质波动是指个股收益率的波动，导致异质波动的一个重要因素是投资者对股票收益具有不同的预期（赖步连等，2006）。由此推断异质波动率主要源于投资者对股票价格的预期不一致。投资者预期相差越大，表明公司信息不对称程度越高。因此，我们借鉴 Ang 等（2006）和 Fang 和 Peress（2009）的研究，使用 Fama - French 三因素模型回归结果的残差标准差作为反映异质性风险的指标。上市公司个股异质波动率越高，则表明异质性风险越大。

表 3 - 5 的 Panel A 报告了按分析师跟踪人数进行分组后的回归结果，可以发现，在分析师跟踪人数多的组，无论 CAPM 模型、Fama - French 三因素模型，还是 Carhart 四因素模型，常数项 Alpha 均不显著，说明在信息不对称程度低的组并不存在媒体效应；而在分析师跟踪人数少的组，意味着信息不对称程度较高，未被媒体报道的投资组合收益率显著高于媒体关注度高的投资组合收益率。Panel B 报告了选用异质波动率作为信息不对称替代指标进行分组后的回归结果，可以发现在异质波动率高，即信息不对称风险高的组，常数项 Alpha 显著为正，而在异质波动率低和中的组，常数项 Alpha 并不显著，与 Panel A 的结论没有差异。上述实证结果表明媒体报道有助于提高投资者认知，降低信息风险，支持“投资者认知假说”。

表 3-5　　投资者认知

	(1) CAPM 模型	(2) Fama - French 三因素	(3) Carhart 四因素
Panel A: By Analyst Coverage			
High			
Alpha	0.0014	0.0008	0.0008
	(1.42)	(0.80)	(0.77)
Medium			
Alpha	0.0034*	0.0022	0.0021
	(1.87)	(1.28)	(1.27)
Low			
Alpha	0.0029**	0.00021*	0.0020*
	(2.21)	(1.75)	(1.72)
Panel B: By Idiosyncratic Volatility			
High			
Alpha	0.0040***	0.0027**	0.0026**
	(2.76)	(2.10)	(2.09)
Medium			
Alpha	0.0036**	0.0023	0.0021
	(2.25)	(1.63)	(1.61)
Low			
Alpha	0.0007	0.0003	0.0003
	(0.83)	(0.43)	(0.42)

注：***、**、* 分别表示在 1%、5%、10% 水平上显著。

3.5.2　过度关注弱势假说

在资本市场中，信息对股票价格的影响是通过投资者交易行为实现的，只有被投资者关注的信息才能反映在股票价格之中，因而投资者关注是市场反应的前提和客观条件（权小峰和吴世农，2010）。投资者关注会直接导致“注意力驱动买入行为”（Attention - driven buying）和过度交易。“注意力驱动买入行为”认为投资者注意力受到媒体报道的影响，从而形成对某些市场热点的股票的“过度关注”（Over attetion），选择买入“吸引他们注意力的股票”（Attention - grabbing stocks），这种过度关注导致投资者短期对新信息反应过度，随后收益出现反转，被称为“过度关注弱势（Over attention underperformance）”（饶育蕾等，2010）。基于上述分析，如果媒体报道吸引了投资者注意力，媒体效应产生的原因是源于投资者短期内对信息反应过度，随后出现收益发转。

为进一步验证“过度关注弱势假说”，我们分别用股票涉及的概念数量和媒体报道频率作为投资者关注程度的替代变量。如果“过度关注弱势假说”成立，那么对投资者关注度高的股票，媒体效应则更为显著。

（1）股票涉及的概念数量。股票涉及的概念数量是指上市公司经营业务所涉及的行业或领域。通常认为，股票所涉及的概念板块或行业领域越多，这类股票越容易成为市场追逐的热点，会受到投资者的高度关注。如果“过度关注弱势假说”成立，那么媒体效应在股票涉及概念多的组最为显著。

表 3 -6 报告了按股票概念数量进行分组后的回归结果，可以发现在股票概念数量多和少的组，媒体关注度对股票收益的影响都不显著。上述现象可能有以下两方面的原因：第一，涉及概念数量多的股票容易成为市场追逐的热点，已经吸引了投资者的关注；第二，新闻媒体为吸引受众关注，会增加对市场热点的报道。因此，对涉及概念数量多的股票而言，上市公司之间的媒体关注度并没有显著差异。相反，新闻媒体对概念数量少的上市公

司则很少关注。

表 3-6　股票涉及概念的数量

	(1) CAPM 模型	(2) Fama - French 三因素	(3) Carhart 四因素
By Number of Conception			
High			
Alpha	0.0037*	0.0021	0.0020
	(1.70)	(1.03)	(0.99)
Medium			
Alpha	0.0039***	0.0030**	0.0029**
	(2.69)	(2.14)	(2.12)
Low			
Alpha	0.0008	0.0005	0.0005
	(0.57)	(0.34)	(0.32)

注：***、**、* 分别表示在 1%、5%、10% 水平上显著。

(2) 为进一步检验“过度关注弱势假说”，我们选用媒体报道频率作为投资者关注的替代变量。媒体报道频率是指新闻媒体对上市公司是否进行连续报道。我们根据媒体报道频率，将样本分为媒体持续报道与未持续报道的两组。在一定时期内，如果新闻媒体对上市公司进行持续报道，那么这类上市公司更容易引起投资者的关注。

我们选择在第 t 周买入媒体持续报道的股票，同时卖出未持续报道股票的方式构造投资组合。如果“过度关注弱势假说”成立，那么媒体持续报道的投资组合收益率在短期内应高于未持续报道的投资组合收益率。那么，在控制市场风险、规模因子、账市比因子和动量效应等风险因素后，根据媒体报道频率构造的投资组合仍能获得超额收益。

表 3 –7 分别报告了根据媒体报道频率构造投资组合的收益率与 CAPM 模型、Fama – French 三因素模型和 Carhart 四因素模型的回归的结果，发现常数项 Alpha 显著为负。上述实证结果表明媒体持续报道的投资者收益率要显著低于未持续报道的投资组合收益率，与“过度关注弱势假说”的推断恰恰相反。

表 3 –7　　媒体报道频率

	(1)	(2)	(3)
	CAPM 模型	Fama – French 三因素	Carhart 四因素
Panel A: Long NotCon – Media Stocks, Short Con – Media Stocks			
RMF	0.2124***	0.1475***	0.1449***
	(6.81)	(4.22)	(4.06)
SMB	—	−0.0330***	−0.0329***
	—	(−3.40)	(−3.26)
HML	—	−0.0796*	−0.0776*
	—	(−1.94)	(−1.89)
UMD	—	—	−0.0082
	—	—	(−0.71)
Alpha	−0.0033***	−0.0019**	−0.0018**
	(−3.23)	(−2.49)	(−2.42)
Observations	102	102	102
R^2	0.2172	0.4312	0.4431

注：***、**、* 分别表示在 1%、5%、10% 水平上显著。

3.5.3 媒体报道与盈余公告漂移

作为反映公司基本面的重要信息，上市公司的盈余信息会影响股票价格。如果资本市场是有效的，那么盈余信息应该很快能反映在股票价格当中。然而，Ball 和 Brown（1968）研究发现，在上市公司披露盈余信息之后，股票价格会出现盈余漂移现象（Post Earning Announcement Drift，PEAD）。Hirsheleifer 和 Teoh（2003）、Dellavigna 和 Pollet（2009）认为盈余漂移现象产生的原因可能在于，只有部分投资者关注到上市公司的盈余信息，因此股票价格不能及时、充分地反映盈余信息。然而，随着时间的推移，盈余信息会被更多的投资者所关注，并通过交易行为使信息反映在股票价格之中。张圣平（2014）研究发现新闻通过吸引投资者注意力，影响了盈余信息反映在股价中的速度。具体表现为，媒体报道显著提高了投资者对利好消息的反应速度，减弱了盈余漂移现象；然而，投资者在短期内对利空消息的反应不明显，但稳定了市场预期，同样减弱了盈余漂移现象。这一研究结论表明媒体报道一方面降低了投资者与上市公司之间的信息不对称程度，使得投资者更了解上市公司的盈利水平；另一方面，新闻媒体通过对盈余信息的报道，能够加快盈余信息的传播速度，使得信息能更快地反映在股票价格当中，因而减少了盈余漂移现象。

综上所述，新闻媒体能够减弱盈余公告后的漂移现象，原因在于两个方面：（1）在上市公司发布盈余公告前，媒体的广泛关注会降低上市公司与投资者之间的信息不对称程度，因而在盈余公告发布前，信息已经反映在股票价格之中了。（2）在上市公司发布盈余公告后，新闻媒体的宣传和报道能够加速信息的传播，使信息更快地反映在股票价格中，同样减弱了盈余漂移的现象。因此可以推断，与媒体关注度高的上市公司相比，媒体关注度低的上市公司盈余公告漂移现象更明显。

计算股票超额收益率最常用的三种方法为：（1）市场模型（Market Model）。市场模型认为个股正常收益率与市场组合收益率线性相关，可以由市场组合收益率估算个股正常收益率，个股实际收益率与估算的正常收益率之差即为超额收益。（2）市场调整收益（Market Adjusted Return）。市场调整收益认为所有个股正常收益率都等于市场组合收益率，因而个股收益率与市场组合收益率之差即为超额收益。（3）均值调整模型（Mean Adjusted Return）。均值调整模型认为个股正常收益率为一个常数，是该证券一定时期内的平均收益率。陈信元和江峰（2005）认为市场模型更符合中国资本市场的实际情况，因为中国资本市场股票同涨同跌的现象较为严重，系统风险成为主要风险。因此，在计算个股超额收益率时，必须考虑市场因素的影响，此时均值调整模型就存在局限性。基于上述分析，本书选用市场调整收益计算个股超额收益率。

图 3－4 分别报告了媒体关注度高和媒体关注度低的上市公司发布盈余公告后30 日的 CAR 值。可以发现：（1）媒体关注度低的股票盈余公告漂移现象更强。（2）媒体关注度低的投资组合的 CAR 值高于媒体关注度高的投资组合，表明新闻媒体的确有助于提高投资者认知，降低了信息风险。

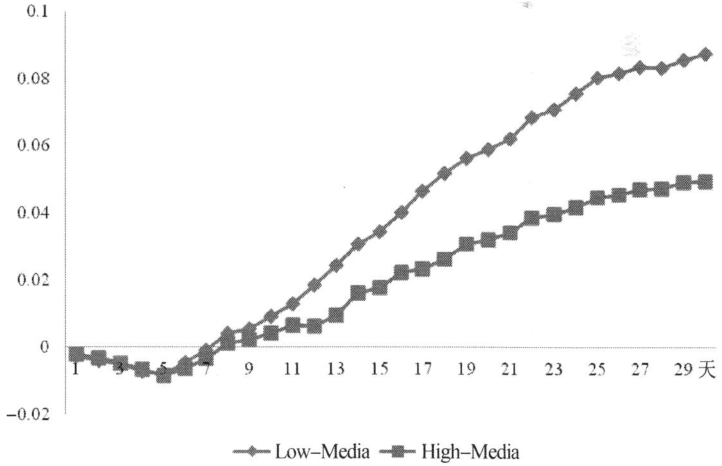

图 3－4　盈余公告发布后 30 天股票超额收益趋势图

3.6 稳健性检验

3.6.1 剔除异常值

2015 年，中国资本市场多次出现千股涨停或千股跌停的异常现象。考虑到上述现象在资本市场中并非经常出现，为避免异常值对研究结论的干扰，我们剔除了 2015 年的样本，重新检验媒体效应是否存在。表 3－7 报告了剔除 2015 年数据后的回归结果，常数项 Alpha 仍然显著为正。说明本章的研究结论不受异常值的影响。

表 3－7 稳健性检验：剔除异常值

	(1)	(2)	(3)
	CAPM 模型	Fama－French 三因素	Carhart 四因素
Panel A：Long No－Media Stocks，Short High－Media Stocks			
RMF	－0.3704***	－0.3611***	－0.3455***
	(－5.19)	(－4.54)	(－4.23)
SMB	—	0.0767***	0.0709***
	—	(2.82)	(2.49)
HML	—	0.0328	0.0315
	—	(0.60)	(0.52)
UMD	—	—	0.0829
	—	—	(1.28)
Alpha	0.0062**	0.0056**	0.0052*
	(2.48)	(2.01)	(1.88)
Observations	51	51	51
R^2	0.2627	0.4791	0.4823

注：***、**、* 分别表示在 1%、5%、10% 水平上显著。

3.6.2　变更风险因素计算方法

在前面的研究中，主要选用流通市值加权的方法计算市场溢价风险、规模因子和账市比因子等风险因素，在此基础上检验通过媒体关注度构造投资组合是否能获得超额收益。考虑到上市公司存在一定数量的非流通股。我们采用总市值加权的方法对模型中的风险因素进行计算，重新检验媒体效应是否存在。表 3 - 8 报告了按总市值加权方法计算后的回归结果，发现常数项 Alpha 的系数仍然显著为正，依旧支持前文的研究结论。

表 3 - 8　　稳健性检验：变更风险因素计算方法

	(1)	(2)	(3)
	CAPM 模型	Fama - French 三因素	Carhart 四因素
Panel A: Long No - Media Stocks, Short High - Media Stocks			
RMF	-0.5153**	-0.4109***	-0.4003*
	(-6.24)	(-5.14)	(-4.77)
SMB	—	0.0668***	0.0657***
	—	(3.01)	(2.96)
HML	—	0.0425	0.0354
	—	(0.80)	(0.72)
UMD	—	—	0.0254
	—	—	(0.93)
Alpha	0.0083**	0.0049*	0.0047*
	(2.18)	(1.75)	(1.72)
Observations	102	102	102
R^2	0.1831	0.3723	0.3849

注：***、**、* 分别表示在 1%、5%、10% 水平上显著。

3.7 本章小结

本章利用51家互联网媒体关于中国A股上市公司的新闻报道数据，深入研究媒体关注度对横截面股票收益的影响。本章通过对2014年1月1日至2015年12月31日期间，中国A股市场1857家上市公司的182374个星期观测样本进行实证检验，研究发现：未被媒体报道的投资组合收益率高于媒体关注度高的投资组合，即存在Fang和Peress（2009）和饶育蕾等（2010）发现的媒体效应现象。具体而言，通过买入未被媒体报道的投资组合，同时卖出媒体关注度高的投资组合的方式构造投资组合，在控制了市场风险、资产规模、账市比和动量效应等风险因素后，该投资组合每周仍然可以获得超额收益。

同时，本章分别对“投资者认知假说”和“过度关注弱势假说”进行了探讨和检验。研究结果表明：（1）以分析师跟踪人数和异质性风险作为信息不对称的替代变量，发现在分析师跟踪人数少和异质性风险高的投资组合中，媒体效应更为显著。这说明媒体报道有助于提高投资者认知，降低信息风险，支持“投资者认知假说”；（2）以股票涉及的概念数量和媒体报道频率作为投资者关注的替代变量，实证结果并不支持“过度关注弱势假说”。

本章在检验互联网媒体关注度是否影响横截面股票收益的基础上，重点分析了互联网媒体效应产生的原因，研究结果为媒体报道对资本市场的影响提供了直接的经验证据。同时，本章的研究结论具有较强的政策含义：在互联网等新兴媒体迅速发展的时代，相关部门应当重视和利用互联网媒体在信息传播中的重要作用，提高市场信息效率；同时，上市公司也可借助互联网媒体平台向市场参与者传递有价值的信息，降低投资者与上市公司之间的信息不对称程度，提高公司价值。但是，本章只考察了媒体报道数量对横截面股票收益率的影响，并没有区分新闻报道向投资者传递的是正面信息还是负面信息。在下一章中，我们将媒体报道进一步区分为正面报道和负面报道，检验媒体正面信息和负面信息对投资者的影响程度是否存在差异。

本研究还具有如下政策含义：（1）新闻媒体作为广大投资者获取信息的重要渠道，监管部门有针对性地关注舆论导向，引导互联网媒体充分发挥信息中介的功能，提高资本市场定价效率；（2）新闻媒体作为信息中介，能够降低市场投资者和上市公司之间的信息不对称程度，有助于上市公司更好地运用互联网媒体向市场参与者传递公司基本面信息，降低融资成本，提高公司价值。

第4章 媒体语气与市场反应

4.1 引言

根据有效市场假说，信息是驱动股票价格变化的重要因素。从理论上来看，正确的股票价格应该是投资者根据自身掌握的相关信息，按照一定的风险收益率对未来现金流进行折现后，所得到的价格。大量文献研究证明资产规模（Banz，1981；Fama 和 French，1992）、股票历史收益率（De Bondt 和 Thaler，1985；Jegadeesh 和 Titman，1993）、账市比和市盈率（Dreman，1977；Basu，1983；Fama 和 French，1992）、会计盈余（Bernard 和 Thomas，1989）等定量信息能够影响或预测未来的股票收益。与此同时，部分文献研究发现定量信息并不能完全解释股票价格的波动，因而股票价格中还包含了除会计数据之外的其他信息（Shiller，1981；Roll，1988；Culter 等，1989）。

在资本市场中，绝大多数投资者无法直接观察公司的生产经营活动，他们获取的更多是二手信息。投资者特别是中小投资者，他们获取信息的方式主要是通过分析师预测、财务报告中披露的会计信息及对公司未来发展能力的分析。然而，上市公司所处的外部环境（政治、经济、文化、技术和法律环境），以及市场环境（资本市场、原材料市场、产品市场和人力资源市场）等因素都会影响公司财务决策（王化成等，2011）。如果上市公司财务报告涉及的会计数据或分析师盈余预测数据并不能完全反映公司的内在价值，那么通过对上市公司所在的外部环境或市场环境进行定性分析，有可能获得与上市公司内在价值相关的增量信息，进而增进资本市场的定价效率。除上市公司的财务报告和分析师盈余预测报告之外，新闻媒体也是投资者获取上市公司信息的重要渠道。

新闻媒体行业也存在着竞争。为吸引投资者的关注，媒体在进行新闻报道时往往表达或宣传某种观点，以此增加新闻的可读性和有趣性（Shoemaker 和 Reese，1996；席勒，2007）。Mullainathan 和 Shleifer（2005）认为记者、编辑或媒体所有者的个人偏好会导致媒体在报道新闻时存在偏差，迎合受众、政府、广告商等利益集团的需求，同样导致新闻报道可能存在偏颇。媒体在选择报道对象时存在主观性，往往挑选经常发表偏激言论的公司或投资政策在政治上不正确的公司（DeAngelo 等，1996）。媒体也可能根据受众的评判标准而选择所报道的新闻，形成有偏报道（Shoemaker，1991）。在牛市期，投资者更关注成长预测和相关的新闻，公司披露正面消息而隐藏负面消息的动机增强。而记者为了保持消息渠道畅通以利于个人职业生涯发展，也愿意认可这些正面话题。因此，牛市期间媒体报道的负面消息较少（Dyck 和 Zingales，2002）。此外，广告支出会影响媒体对广告主的产品报道的中立性，公司在媒体做的广告越多，被媒体报道的次数也越多（Rinallo 和 Basuroy，2009）。Gurun 和 Bulter（2012）研究发现由于对当地企业广告收入的依赖，导致媒体对当地企业过度正面报道。因此，当媒体报道与上市公司相关的新闻时，除了对相关数据进行分析外，还会向投资者传递上市公司经营水平、盈利能力和未来发展的观点（游家兴和吴静，2012）。

已有文献将新闻报道中的负面词汇或正面词汇的比例作为衡量媒体语气（Media tone）的替代变量，考察了媒体正面信息或负面信息对市场综合指数（Tetlock，2007；Garcia，2013）、资产误定价程度（游家兴和吴静，2012）、IPO 定价效率（熊艳等，2014；汪昌云和武佳薇，2015）及机构投资者交易行为（谭松涛等，2014）的影响。还有文献单独考察媒体负面报道是否能够为盈余预测提供增量信息（Tetlock 等，2008；黄辉，2013）。可见，已有关于媒体语气对资本市场影响的研究取得了较为丰富的研究成果。但是一方面，现有文献仅关注了媒体语气对 IPO 定价效率或资产误定价程度的影响，鲜有研究探讨媒体语气对横截面股票收益率的影响。另一方面，已有关于媒体语气与市场反应的研究，均是从宏观的角度考察媒体语气对大盘指数影响，缺乏从更细致微观的角度探讨公司层面的媒体信息对股票收益率的影响。无论媒体信息反映的是公司基本面信息还是投资者预期，新信息的出现必然会导致股票价格的变化。那么，投资者对公司层面的媒体正面信息和负面信息的反应程度是否有差异？

围绕上述问题，本章以 2014 年 1 月 1 日至 2015 年 12 月 31 日期间，51 家国内主流互联网媒体关于中国 A 股上市公司的新闻报道为研究样本，在区分媒体正面报道和负面报道的基础上，考察投资者对媒体正面信息和负面信息的反应。研究发现媒体正面报道的投资组合收益率高于负面报道的投资组合收益率。具体而言，通过买入媒体正面报道股票，同时卖出媒体负面报道股票的方式构造零投资组合，在控制了市场风险、资产规模、账市比和动量效应等因素后，该投资组合仍然可以获得超额收益。进一步研究发现，媒体语气能够向投资者传递与上市公司会计业绩相关的信息；并且媒体信息对股票价格的影响是通过投资者交易行为实现的，只有被投资者关注的信息才能反映在股票价格之中。

本章的研究贡献主要有以下两点：（1）拓宽了媒体报道与资本市场的研究视野。已有文献主要关注媒体报道数量对横截面股票收益率的影响（Fang 和 Peress，2009；饶育蕾等，2010；王建新等，2013），本章在区分媒体正面报道和负面报道的基础上，研究媒体语气对横截面股票收益的影响，拓宽了媒体报道与资本市场的研究视野。（2）丰富了媒体语气对股价波动性影响的研究文献。已有关于媒体语气对资本市场影响的研究，均是从较为宏观的层面，考察媒体语气对大盘指数的影响（Tetlock，2007；Garcia，2013），缺乏从微观层面，研究公司层面的媒体信息对个股收益率的影响。

本章余下部分安排为：第 2 节为文献回顾和理论分析；第 3 节为研究设计；第 4 节为实证分析；第 5 节为进一步研究；第 6 节进行了稳健性检验；第 7 节为研究结论。

4.2　理论分析与研究假设

新闻媒体是现代社会不可或缺的组成部分。媒体在资本市场中的作用也格外重要，资本市场中大部分信息都需要通过媒体才能传播和公开。在资本市场中，除少数机构投资者通过实地调研和路演等方式，可以获得上市公司的有关信息之外，大多数投资者主要通过新闻媒体获取有价值的信息。由于新闻媒体是大多数投资者了解上市公司的主要渠道，因而投资者对上市公司股票价格的预期及判断主要取决于媒体。在这种情况下，新闻媒体扮演的不仅仅是信息传播的角色，投资者情绪同样会受到新闻媒体所表达观点的影响。一旦新闻媒体对上市公司进行了报道和披露，相关信息就成了公开信息，无论是信息交易者还是噪音交易者，都会重新对股票价格进行评估和判断（Vega，2006）。

然而，为吸引投资者的关注，新闻媒体不再仅仅扮演信息中介的角色，还会对信息进行裁剪和取舍。具体表现为媒体在进行新闻报道时可能放弃客观、独立的立场，往往会传递或渲染出某种观点，以此吸引眼球。在资本市场中，大多数投资者主要依赖新闻媒体获取与上市公司相关的信息。在这种情况下，新闻媒体所传递或渲染的观点很容易在投资者之间扩散，并改变投资者情绪。更进一步，新闻媒体的观点会影响投资者对公司未来的预期和信念，对投资者判断和决策起着至关重要的作用。Reuter 和 Zitzewitz（2006）研究发现，广告支出会影响共同基金被媒体提及的可能性，而投资者对被媒体提及的共同基金净买入量更高；被《华尔街日报》提及的共同基金的收益率显著高于其他基金。在霸王洗发水事件中，《壹周刊》为追逐“轰动效应”而报道的负面消息使霸王集团及其相关企业和内地的同行业公司的股票价格大幅下跌，且难以在短期内恢复（熊艳等，2011）。

已有文献主要基于信息效应及投资者情绪两个视角，研究媒体观点或语气对资产定价或公司财务决策的影响（Tetlock，2007；Tetlock 等，2008；游家兴和吴静，2012；黄辉，2013；熊艳等，2014；汪昌云和武佳薇，2015）。一方面，已有文献通过考察媒体语气与企业绩效的关系，检验媒体报道是否能向投资者传递有价值的信息。Tetlock 等（2008）用媒体报道中的负面词汇占比作为衡量媒体语气的替代变量，研究发现媒体悲观态度预示着未来较低的盈余水平，并且与公司基本面信息相关的负面词汇预测效果更好。黄辉（2013）研究发现媒体负面报道有一定的负向市场反应，并且深度的、严重侵害的负面报道引致的市场反应更强烈；另外，媒体负面报道的次数越多，意味着越低的企业绩效。上述结论表明媒体情绪能够传递与公司基本面有关的新信息，最终反映在股票价格上。

另一方面，部分文献认为媒体通过影响投资者注意力或投资者情绪，进而影响资本市场。认知心理学研究发现人们处理信息的能力是有限的，这种限制会影响投资者的信念和偏好，导致投资者在决策时可能会出现错误（丹尼尔·卡尼曼等，2008）。并且，投资者的决策偏差会随外部信息的变化而变化，外部信息的变化有可能导致投资者非理性决策更加严重，也有可能进一步缓解投资者的非理性决策。由于大多数投资者获取信息主要依赖于新闻媒体，导致新闻媒体传递的信息或观点会在投资者之间快速扩散，并且大多数投资者会根据媒体信息作出投资决策。心理学研究发现，人们的情绪会影响他们对未来的判断。当情绪乐观时，人们对好消息的反应更显著，从而作出乐观的判断和评价；相反，当情绪悲观时，人们对坏消息的反应更显著，从而倾向于作出悲观的判断和评价（Wright 和 Bower，1992）。面对上涨的股票走势图，一半的投资者会产生乐观的情绪，预期下一期股票价格会更高（De Bondt，1993）。Tetlock（2007）认为投资者情绪会受到媒体观点的影响，他研究发现悲观的媒体情绪（代表悲观的投资者情绪）使得道琼斯指数承受较强的下行压力，但随后会出现反转；其次，异常高或异常低的媒体悲观情绪会导致市场交易更为活跃。游家兴和吴静（2012）认为在媒体情绪的带动下，与媒体观点一致的投资者会参与市场交易，导致媒体情绪影响股票价格。他们研究发现媒体情绪越乐观或越悲观时，资产误定价的绝对程度越高。进一步研究表明，当媒体向投资者传递出乐观的观点时，更容易推动股票价格上涨。

综上所述，媒体语气无论是向投资者传递有价值的信息，还是影响投资者情绪，最终都会作用于股票价格。基于上述分析，本章提出如下假设：

H1：媒体正面报道的投资组合收益率高于媒体负面报道的投资组合。

4.3 研究设计

4.3.1 研究样本

本章的研究样本为2014年1月1日至2015年12月31日期间，51家国内主流互联网媒体对中国A股上市公司的新闻报道。考虑到中国作为典型的新兴资本市场，表现为个人投资者占比高和换手率高等特征。如果以年或者季度作为研究周期，可能无法反映股票价格波动的真实性。此外，市场或投资者对媒体报道的反应往往在短期内集中呈现出来，很难想象一篇新闻报道会在一年或一个季度之后还会对市场或股票价格产生影响。Huberman和Regev（2001）研究表明，即便是一则轰动性的报道，对市场的冲击也是短期的。因此，过长的时间窗口不利于考察媒体报道对股票价格波动的真实影响。基于此，本章选择星期作为研究周期。根据研究需要，本章对总样本进行了如下筛选：（1）剔除样本期间 ST 上市公司样本。因为 ST 上市公司每天的涨跌限制与正常股票不同，并且容易受到新闻媒体的异常关注；（2）剔除样本期间新上市的样本。因为中国资本市场存在严重的“新股、次新股”的炒作现象，并且股票上市当天的股票涨幅不受限制；（3）剔除了交易数据缺失的样本；（4）剔除了部分公司名称容易引起歧义的样本。如农产品（SZ. 000061）、好想你（SZ. 002582）、太平洋（SH. 601099）、大西洋（SH. 600558）、星期六（SZ. 002291）；（5）剔除样本期间内进行重大资产重组的上市公司。考虑到重大资产重组不仅有严格的信息披露机制，并且重大资产重组的成败对股票价格会产生巨大影响；（6）剔除周平均媒体报道数量小于 10 的样本。因为只有当媒体报道达到一定数量时，才会引起投资者关注。最终，经过以上筛选，本章总共获得 441 家上市公司的 36282 个星期观测样本。媒体报道数据由中国人民大学“数据工程与知识工程教育部重点实验室”提供。本章的交易数据和财务数据主要来源于 RESSET 金融研究数据库和 CSMAR 数据库。

4.3.2　媒体语气的度量

本书第 3 章已对互联网媒体数据的获取进行了详细介绍。本书第 1 章已详细介绍了运用情感倾向分析判断媒体报道语气的计算方法，在此不再赘述。根据研究需要，本部分重点介绍媒体语气指标的度量。考虑到媒体关于上市公司的报道既有正面报道，也有中性报道和负面报道，因此，为更好地衡量每个星期媒体关于上市公司报道的整体语气，我们采用净正面报道或净负面报道来衡量媒体语气，具体计算方法如下：

$$media_{it} = (good_{it} - bad_{it})/(good_{it} + bad_{it}) \tag{4-1}$$

在（4－1）式中，$good_{it}$为媒体在第 t 周关于第 i 家上市公司的正面报道数量；bad_{it}为媒体在第 t 周关于第 i 家上市公司的负面报道数量。

（1）当 $media_{it}>0$ 时，即表示媒体在第 t 周关于第 i 家上市公司的媒体正面报道数量大于负面报道数量。因此，我们认为媒体在第 t 周关于第 i 家上市公司的报道表现为正面语气，用 Pos_{it} 表示；

（2）当 $media_{it}<0$ 时，即表示媒体在第 t 周关于第 i 家上市公司的媒体正面报道数量小于负面报道数量。因此，我们认为媒体在第 t 周关于第 i 家上市公司的报道表现为负面语气，用 Neg_{it} 表示；

（3）当 $media_{it}=0$ 时，即表示媒体在第 t 周关于第 i 家上市公司的媒体正面报道数量等于负面报道数量。因此，我们认为媒体在第 t 周关于第 i 家上市公司的报道表现为中性语气，用 Ntr_{it} 表示。

4.3.3 构造投资组合

根据媒体语气的度量指标，本章将研究样本分为媒体正面报道、中性报道和负面报道三组。按照理论分析部分的推导，媒体语气通过向投资者传递有价值的信息，或通过影响投资者情绪，最终影响股票价格。当媒体语气为正面时，将推动股票价格上涨；相反，媒体语气为负面时，股票价格会下跌。由此推断媒体正面报道投资组合的收益率高于媒体负面报道的投资组合。因此，我们选择在第 t 周买入媒体正面报道股票，同时卖出媒体负面报道股票的方式构造投资组合，并计算该投资组合在第 t+1 周的收益率。每周都根据上述方法构造投资组合，计算投资组合在 t+1 周的收益率，最终获得该投资组合周收益率的时间序列数据。

4.3.4　模型设计

已有文献表明股票收益率会受到市场风险、资产规模、账市比和动量因子等风险因素的影响（Fama 和 French，1993；Carhart，1997）。为控制其他风险因素对股票收益率的影响，本章借鉴 Fang 和 Peress（2009）的方法，分别选用市场模型（the market model）、Fama – French 三因素模型（three – factor model），以及 Carhart 四因素模型（four – factor model），检验媒体关注度是否影响股票收益：

$$Potofolio_t = Alpha_t + \beta_1 RMF_t \tag{4-2}$$

$$Potofolio_t = Alpha_t + \beta_1 RMF_t + \beta_2 SMB_t + \beta_3 HML_t \tag{4-3}$$

$$Potofolio_i = Alpha_t + \beta_1 RMF_t + \beta_2 SMB_t + \beta_3 HML_t + \beta_4 UMD_t \tag{4-4}$$

式 4 – 2、式 4 – 3 和式 4 – 4 分别表示市场模型、Fama – French 三因素模型和 Carhart 四因素模型。其中，$Potofolio_t$ 代表投资组合在第 t 周的收益率，为投资组合的原始收益率；RMF_t 为第 t 周的市场风险溢价因子，等于市场投资组合的周收益率与无风险周收益率之差，代表市场风险对投资组合收益率的影响；SMB_t 为第 t 周资产规模风险因子，等于小规模公司投资组合的周收益率与大规模公司投资组合的周收益率之差，反映资产规模对投资组合收益率的影响；HML_t 为第 t 周账市比风险因子，等于高账市比公司的投资组合周收益率与低账市比公司的投资组合周收益率之差，表示成长型与价值型股票之间的差异；UMD_t 为第 t 周动量因子，等于高收益率的投资组合周收益率与低收益率的投资组合周收益率之差。

根据本章理论分析部分的推断，如果媒体正面报道推动股票价格上涨，媒体负面报道导致股票价格下跌，那么通过买入媒体正面报道、卖出媒体负面报道的股票的方式构造零投资组合，可以获得超额收益。如果在控制市场溢价风险、资产规模、账市比和动量效应等已知风险因素之后，式4－2、式4－3和式4－4的常数项 $Alpha_t$ 仍显著为正，则通过媒体关注度构造投资组合可以获得无风险收益，表明存在媒体效应；反之，如果在控制已知风险因素之后，常数项 $Alpha_t$ 不显著，则表明已知风险因素已有效解释了投资者组合的收益，而媒体关注度不会影响股票收益。

4.4 实证分析

4.4.1 单变量分析

表4－1报告了单变量分析的结果，可以发现媒体负面报道、中性报道和正面报道投资组合在第 t+1 周的平均收益率分别为0.08%、0.11%和2.03%。媒体正面报道和媒体负面报道投资者在第 t+1 周的平均收益率相差1.95%，并且在1%的水平上显著。通过单变量分析结果，可以发现媒体正面报道的投资组合收益率高于媒体负面报道投资组合收益率，初步证明了前文的推断。

我们依次按照公司规模、账市比和过去一年收益率将研究样本分为三组，分别检验在不同的公司特征下，媒体语气对投资组合收益率的影响。Panel A 报告了按资产规模进行分组后的单变量分析结果，可以发现在资产规模小、资产规模中等和资产规模大的组合中，媒体正面报道和媒体负面报道的投资组合在第 t+1 周的收益率之差分别0.50%、0.52%和0.94%，并且在统计意义上都显著；Panel B 报告了按账市比进行分组后的单变量分析结果，可以发现在账市比低、账市比中等和账市比高的组中，媒体正面报道和媒体负面报道的投资组合在第 t+1 周的收益率之差分别 0.94%、0.75% 和 0.73%，并且在统计意义上均显著；Panel C 报告了按过去一年收益率进行分组后的单变量分析结果，可以发现在过去一年收益率低、中和高的组合中，媒体正面报道和媒体负面报道的投资组合在第 t+1 周的收益率之差分别 0.44%、0.66% 和 1.70%，并且在统计意义上均显著。

表 4-1　　单变量分析

媒体报道与投资组合收益率					
	媒体信息				Pr-Statistics① for
	Neg	Ntr	Pos	Pos-Neg	Pos-Neg
All Stocks	0.08	0.11	2.03	1.95***	0.01
Panel A: By Size					
1	0.03	0.05	0.53	0.50**	0.02
2	0.04	0.07	0.56	0.52**	0.03
3	0.03	0.07	0.97	0.94**	0.02
Panel B: By Book-to-Market					
1	0.02	0.09	0.99	0.97***	0.01
2	0.05	0.06	0.80	0.75**	0.02
3	0.04	0.32	0.77	0.73***	0.01
Panel C: By Past Year Return					
1	0.02	0.05	0.46	0.44**	0.04
2	0.03	0.07	0.72	0.66**	0.03
3	0.04	0.06	1.74	1.70***	0.01

注：***、**、* 分别表示在 1%、5%、10% 水平上显著。

① 单变量分析主要检验媒体正面报道的投资组合收益率是否高于媒体负面报道投资组合。因此，表中报告的单变量为单侧检验。

4.4.2 多变量分析

单变量检验结果没有控制其他风险因素对投资组合收益的影响，除媒体语气外，已有文献发现市场溢价风险、规模因子、账市比因子和动量效应等风险因素都会影响投资组合收益率。为得到更为可信的结论，需要在控制其他已知风险因素影响的情况下，进一步检验媒体语气对投资组合收益的影响。

表4-2分别报告了市场模型、Fama-French三因素模型和Carhart四因素模型的回归结果，可以发现在市场模型中，常数项Alpha在1%的水平上显著为正；在三因素模型和四因素模型中，常数项Alpha在5%的水平上显著为正。上述回归结果表明，在控制了市场风险、规模因子、账市比因子和动量效应等已知风险因素后，通过媒体语气构建的投资组合仍然能获得超额收益。与此同时，市场风险因素（RMF）的系数显著为正，说明与卖空（媒体负面报道）的股票相比，买入（媒体正面报道）的股票收益率与市场收益率的相关程度更高；规模因子（SMB）的系数在1%的水平上显著为正，表明通过媒体关注度构造投资组合对小规模股票而言有正向的影响；账市比因子（HMB）和动量效应（UMD）的系数为负，但并不显著。

投资组合获得的超额收益可能来自于两方面：（1）媒体正面报道投资组合的正向收益，即当新闻媒体表现为正面语气，投资者在媒体语气的影响下，可能会推动股票价格的上涨；（2）媒体负面报道投资组合的负向收益，即当新闻媒体表现为负面语气，投资者在媒体语气的影响下，可能会导致股票价格承受向下的压力。为考察投资组合超额收益产生的原因，我们将投资组合分拆为媒体正面报道和媒体负面报道两个独立的投资组合，分别考察两类投资组合在第t+1周的收益率情况。

表 4 - 2 的 Panel B 和 Panel C 分别报告了买入媒体正面报道和卖出媒体负面报道投资组合的回归结果，可以发现在 Panel B 中，无论在 CAPM 模型，还是 Fama - French 三因素或 Carhart 四因素模型中，常数项 Alpha 均显著为正，表明在控制了已知风险后，媒体正面报道的投资组合在第 t + 1 周仍然可以获得超额收益；Panel C 中，CAPM 模型的常数项 Alpha 在 10% 的水平上显著为负，但在 Fama - French 三因素和 Carhart 四因素模型中，常数项 Alpha 并不显著。上述实证结果通过媒体语气构造的投资组合在第 t + 1 周获得超额收益主要来自于媒体正面报道的股票。这一原因可能由于我国资本市场存在卖空限制。由于目前我国资本市场双边机制或做空机制不完善，虽然我国于 2010 年 3 月 31 日开始实施融资融券试点业务，并于 2010 年 4 月 1 日开始推行股指期货交易，但是由于我国属于新兴资本市场，个人投资者占比高是新兴市场的显著特征之一，因而对于大多数个人投资者而言，其资金规模无法达到融资融券业务所需保证金的要求。由此可以看出我国资本市场并没有建立真正的做空机制，大多数投资者只有在股票价格上涨的情况下才能够获利。因此，当新闻媒体向投资者传递出乐观的观点时，此时投资者受媒体情绪的影响买入股票，更容易推动股票价格的上涨；相反，当新闻媒体向投资者传递出负面观点时，由于卖空交易的限制，投资者对负面信息的反应并不明显。

表 4 - 3 的 Panel A 报告了按资产规模进行分组后的回顾结果，可以发现在资产规模小的组，媒体正面报道投资组合在第 t + 1周的收益率显著高于媒体负面报道，表现为通过买入媒体正面报道、卖出媒体负面报道股票的方式构造投资组合可以获得超额收益，但是在资产规模大的组，上述现象并不存在。资产规模小的投资组合可以获得超额收益，有可能源于流动性风险补偿，

表 4－2　　多变量分析

	(1) CAPM 模型	(2) Fama French 三因素	(3) Carhart 四因素
Panel A：Long Pos－Media Stocks，Short Neg－Media Stocks			
Mkt－rf	0.1469***	0.1354***	0.1321**
	(5.67)	(4.72)	(4.45)
SMB	—	0.0486***	0.0476***
	—	(2.78)	(2.72)
HML	—	－0.1428	－0.1398
	—	(－0.71)	(－0.64)
UMD	—	—	－0.0717
	—	—	(－1.14)
Alpha	0.0097***	0.0073**	0.0072**
	(2.64)	(2.21)	(2.08)
Observations	102	102	102
R^2	0.2596	0.4052	0.4178
Panel B：Long Pos－Media Stocks			
Alpha	0.0101***	0.0076**	0.0075**
	(2.62)	(2.17)	(2.14)
Panel C：Short Neg－Media Stocks			
Alpha	－0.0005*	－0.0003	－0.0003
	(－1.80)	(－1.26)	(－1.20)

注：***、**、*分别表示在1%、5%、10%水平上显著。

即资产规模小的公司股票流动性较差，需要为这类股票提供额外的流动性风险补偿收益（Fang 和 Peress，2009）。

Panel B 报告了按账市比进行分组后的回归结果，可以发现在账市比低和账市比中等的组，媒体语气对投资组合收益率有显著影响，但在账市比高的组，上述现象并不存在。与第 3 章的分析类似，账市比高的上市公司信息不对称程度较低，投资者对信息的反应速度更快。

Panel C 报告了按过去一年的收益率进行分组后的回归结果，可以发现过去一年收益率低的组，常数项 Alpha 的系数并不显著，而在过去一年收益率中等和高的组，媒体语气会影响投资组合收益率。这一现象可能源于在资本市场中，媒体信息对股票价格的影响是通过投资者交易行为实现的，只有被投资者关注的信息才能反映在股票价格之中，因而投资者关注是市场反应的前提和客观条件（权小峰和吴世农，2010），而前期收益率较高的股票容易引起投资者的注意（Barber 和 Odean，2008）。因此，前一年收益率较高的股票，媒体信息能更快地反映在股票价格中。

4.5　进一步研究

4.5.1　流动性假说

上述实证结果说明在区分媒体正面报道和负面报道的基础上，通过买入媒体正面报道、卖出媒体负面报道的股票可以获得超额收益，这说明通过媒体报道可以进行无风险套利。如果这种套利机会一直存在，没有被套利交易者所利用，那么表明资本市场存在套利限制。根据以往文献，本书将这种套利限制视为“交易障碍假说（impediments - to - trade）”。如果“交易障碍假说”能够解释由于媒体报道所获得超额收益，则可以推断对于流动性差的股票而言，这种现象最为显著。

表 4-3　　分组回归

	(1) CAPM 模型	(2) Fama - French 三因素	(3) Carhart 四因素
	Panel A: By Size		
	Small		
Alpha	0.0036***	0.0030***	0.0029***
	(2.97)	(2.86)	(2.82)
	Medium		
Alpha	0.0036**	0.0031*	0.0030*
	(2.14)	(1.80)	(1.76)
	Large		
Alpha	0.0024*	0.0014	0.0013
	(1.82)	(1.25)	(1.22)
	Panel B: By Book - to - Market		
	Low		
Alpha	0.0061**	0.0053*	0.0052**
	(2.62)	(2.39)	(2.37)
	Medium		
Alpha	0.0034*	0.0018	0.0016
	(1.73)	(1.04)	(0.99)
	High		
Alpha	0.0019	0.0008	0.0007
	(0.63)	(0.25)	(0.20)
	Panel C: By Past Year Return		
	Low		
Alpha	0.0013	0.0008	0.0007
	(1.34)	(0.82)	(0.76)
	Medium		
Alpha	0.0032**	0.0021	0.0020
	(2.14)	(1.54)	(1.50)
	High		
Alpha	0.0053***	0.0046**	0.0045**
	(2.95)	(2.56)	(2.53)

注：***、**、* 分别表示在 1%、5%、10% 水平上显著。

本章选用“非流动比率（Illiquidity ratio）”[①]（Amihud, 2002）、股票交易金额和股票价格三种指标，作为衡量股票流动性的替代指标。在此基础上，根据股票流动性指标对样本进行分组，并构造投资组合。我们分别以非流动比例、股票交易金额和股票价格作为衡量流动性的替代指标，检验“交易障碍假说”。如果“交易障碍假说”成立，那么在流动性最差的组，媒体语气对投资组合收益率的影响最为显著。

表 4 - 6 的 Panel A、Panel B 和 Panel C 分别报告了按非流动比率、股票交易金额和股票价格进行分组后的回归结果。可以发现无论以非流动比率、股票交易金额，还是以股票价格作为衡量流动性的指标，媒体语气影响投资组合收益率的现象并不仅仅在流动性最差的组显著。因此，实证结果并不支持“交易障碍假说”。这一结果可能源于我国资本市场并不存在流动性障碍。以非流动比率为例，在流动性最差的组，非流动比例的均值为 0.0004，说明一百万元的交易金额会导致股票收益率波动 0.04%。根据的回归结果，可以发现在 Carhart 四因素模型中，Alpha 的系数为 0.0013，意味着平均每天需要 3250000（0.0013/0.0004）元的交易额用以消除套利机会[②]。流动性最差的组，其股票日成交金额的均值为 13600000 元，表明市场深度足以提供套利机会。

① 非流动比例（Illiquidity ratio）的计算方法，用个股的日绝对收益率除以当日成交金额（成交金额除以一百万），得到非流动比例，表示成交金额对股票收益率的冲击。该指标的值越大，说明股票流动性越差。

② 根据非流动性比例进行分组，在流动性最差这组中，股票日成交金额的均值为 13600000，这说明市场深度能够提供套利机会。因此，“交易障碍假说”能否完全代表套利限制仍值得进一步探讨。

表 4－4　　交易障碍假说

	(1) CAPM 模型	(2) Fama－French 三因素	(3) Carhart 四因素
Panel A: By Amihud's Illiquidity Ratio			
Small			
Alpha	0.0052**	0.0043**	0.0042**
	(2.33)	(2.02)	(2.00)
Medium			
Alpha	0.0026**	0.0016	0.0015
	(2.15)	(1.51)	(1.47)
High			
Alpha	0.0019**	0.0015**	0.0013**
	(2.53)	(2.06)	(2.03)
Panel B: By Trading Volume			
Low			
Alpha	0.0013*	0.0010	0.0009
	(1.88)	(1.43)	(1.39)
Medium			
Alpha	0.0023*	0.0013	0.0012
	(1.92)	(1.24)	(1.20)
High			
Alpha	0.0060***	0.0052**	0.0050**
	(2.71)	(2.39)	(2.36)
Panel C: By Price			
Low			
Alpha	0.0032***	0.0024**	0.0023**
	(2.69)	(2.12)	(2.09)
Medium			
Alpha	0.0023*	0.0014	0.0013
	(1.91)	(1.30)	(1.25)
High			
Alpha	0.0041**	0.0037**	0.0036**
	(2.05)	(1.99)	(1.96)

注：***、**、* 分别表示在 1%、5%、10% 水平上显著。

4.5.2 媒体语气的信息效应

作为资本市场重要的信息中介，新闻媒体通过信息的搜集、加工、整理和传播，有助于降低信息不对称，改善市场信息效率。一方面，通过新闻媒体的报道，投资者能够获得包括上市公司经营水平、盈利能力以及未来发展在内的相关信息，媒体对上市公司的关注度越高，越有利于信息在投资者之间的扩散传播（Bushee 等，2010）。另一方面，媒体不仅仅是信息的载体，媒体还具有信息创造的功能。媒体在收集原始信息的基础上，会对信息进行整理、加工和包装。在媒体的“信息创造—信息传递—信息作用”过程中，媒体信息创造的内容和深度、媒体信息传递的速度和广度对媒体信息作用的发挥着至关重要的作用，媒体报道作用于企业的经济后果同样如此。若把企业的经济后果分为市场反应和企业绩效两个层面，前者主要是企业股票的异常收益，后者则是以盈利能力为主的企业综合业绩。对于前者，媒体报道和投资者关注会通过影响投资者行为作用于股票价格，而股票收益率的高低则与媒体报道的内容、深度和市场有效性等直接相关；而对于后者，企业综合业绩具有一定的滞后性和稳定性。在媒体负面报道之后，企业或许会有“改正行为”；另一方面，媒体正面报道或许会产生一定的“宣传作用”。因此，企业绩效与媒体报道的真实性、内容深度和广度密切相关。已有文献证实新闻媒体能够向投资者传递与上市公司会计业绩相关的信息（Tetlock 等，2008；黄辉，2013）。

为进一步考察媒体是否向市场参与者传递了有价值的信息，我们以总资产收益率和净资产收益率作为上市公司会计业绩的替代变量，检验媒体语气与上市公司盈利能力之间的关系。为了检验媒体信息是否有助于预测上市公司会计业绩，本书采用以下模型：

$$Performance_{i,t}=\alpha+\beta_1 Media_{i,t}+\beta_2 Size_{i,t-1}+\beta_3 Mb_{i,t-1}+\beta_4 Lev_{i,t-1}+\varepsilon \quad (4-5)$$

（1）解释变量。$Media_{i,t}$为媒体语气。Media 值越大，表示媒体净正面报道越多，即媒体报道的正面信息越多。

（2）被解释变量。$Performance_{i,t}$表示第 i 家公司第 t 期的企业绩效。借鉴唐松和孙铮（2014），本书使用总资产收益率（ROA）和净资产收益率（ROE）作为会计业绩的替代变量。ROA 或 ROE 的值越大，表明上市公司的会计业绩越好。

（3）控制变量。$Size_{i,t-1}$、$Mb_{i,t-1}$、$Lev_{i,t-1}$分别表示 i 公司第 t-1 期的资产规模、账市比和资产负债率。本章主要变量的定义情况如表 4-5 所示。

表 4-5　　变量定义

变量符号	变量名称与度量方法
$ROA_{i,t}$	总资产收益率。第 i 家上市公司第 t 期的总资产收益率。
$ROE_{i,t}$	净资产收益率。第 i 家上市公司第 t 期的净资产收益率。
$Media_{i,t}$	媒体报道信息。第 i 家上市公司第 t 期的媒体报道信息。
$Size_{i,t-1}$	资产规模。第 i 家上市公司第 t-1 期的资产规模，取总资产的对数。
$Lev_{i,t-1}$	资产负债率。第 i 家上市公司第 t-1 期的资产负债率。
$Mb_{i,t-1}$	账市比。第 i 家上市公司第 t-1 期的账市比，用总资产账面价值除以市值。

表 4-6 报告了媒体语气与会计业绩的回归结果。回归（1）、（2）、（3）列示了总资产收益率作为会计业绩指标时的回归结果：回归（1）中单独考察了媒体语气对会计业绩的影响，发现媒体信息指标 Media 的系数为 0.0342，并且在 1% 的水平上显著；回归（2）中，加入了一些公司层面影响会计业绩的变

量，Media 的系数依旧在1%的水平上显著大于0；回归（3）中，进一步控制了行业因素，媒体信息 Media 仍然在1%的水平上显著为正。当选用净资产收益率作为会计业绩的衡量指标时，根据回归（4）、（5）、（6）的结果，得到的结论没有实质性的差异。从控制变量来看，账市比（Mb）和资产负债率（Lev）与企业绩效负相关，说明成长型、负债比率高的企业绩效更差；而公司规模（Size）与企业绩效正相关，说明上市公司规模越大，会计绩效更好。可见，在控制相关因素的影响后，媒体语气（Media tone）与上市公司会计业绩（ROA 或 ROE）都呈显著正相关关系，说明随着媒体正面信息越多，上市公司会计业绩越好，表明媒体语气确实向投资者传递了有价值的信息。

表4-6　　媒体语气与会计业绩

	ROA			ROE		
	(1)	(2)	(3)	(4)	(5)	(6)
Media tone	0.0342***	0.0279***	0.0271***	0.0623***	0.0623***	0.0586***
	(10.12)	(8.47)	(8.16)	(9.39)	(9.35)	(8.71)
Mb	—	-0.0016***	-0.0018***	—	0.0006	-0.0005
	—	(-4.57)	(-4.80)	—	(0.83)	(-0.60)
Size	—	0.0051***	0.0049***	—	0.0092***	0.0087***
	—	(7.68)	(6.65)	—	(6.84)	(5.85)
Lev	—	-0.0591***	-0.0592***	—	-0.0465***	-0.0481***
	—	(-12.77)	(-12.18)	—	(-4.97)	(-4.89)
Constant	0.0022	-0.0812***	-0.0810***	0.0087*	-0.1856***	-0.1653***
	(0.97)	(-5.62)	(-4.30)	(1.92)	(-6.36)	(-4.34)
Industry	—	—	Control	—	—	Control
N	2872	2872	2872	2872	2872	2872
R^2	0.06	0.18	0.21	0.05	0.12	0.15

注：***、**、* 分别表示在1%、5%、10%水平上显著。

4.5.3 投资者注意力假说

传统资产定价理论认为新信息可以及时反映在股票价格当中。然而，心理学认为关注是一种稀缺的认知资源，大脑处理信息的能力有限。如果大脑接收的信息量超过某个限度，大脑就会选择让一些信息通过，而将另一些信息排斥在外（Broadbent，1958）。因此，对一件事物的关注必然以牺牲对另外一些事物的关注为代价（Kahneman，1973）。在面对大量信息时，有限关注限制了人们学习和决策的过程（Pashler，1992）。

Da 等（2011）指出新信息反映在股票价格中，必须以投资者关注到这些信息为前提。资本市场上存在数千只股票，导致投资者在购买股票时面临成千上万种选择。由于投资者的认知和注意力是有限的，他们只会购买那些能够吸引其注意力的股票（Baber 和 Odean，2008）。因此，媒体信息是否影响股票价格，主要依赖于投资者决策所需的信息（Della Vigna 和 Gentzkow，2010）。但是，由于投资者的注意力是有限的，不可能关注市场上所有的信息，并且信息搜集也会存在一定的成本，由此导致投资者在进行决策时，可能会忽视一些有价值的信息（Della Vigna，2009）。在吸引投资者注意力和降低投资者信息搜集成本方面，新闻媒体发挥着非常重要的作用。在资本市场上，媒体报道的商业新闻提供的信息和设置的议题同样会影响投资者的决策和股票价格（游家兴和郑建鑫，2013）。一方面，投资者可以通过新闻媒体获取与上市公司有关的信息，可以降低投资者搜集信息的成本；另一方面，新闻媒体会受到投资者的广泛关注，打破投资者有限注意力这一局限。因为公司的信息被媒体报道后，会吸引更多的投资者关注这些公司。如果新闻媒体再蓄意强调这些信息，投资者就更容易认为这些信息是重要信息，从而影响投资者决策。

Huberman 和 Regev（2001）研究发现，《纽约时报》在报道了 EntreMed 公司在研制抗癌药物上取得了新突破的消息后，该公司股票价格迅速从 12 美元上涨到 52 美元，并且在接下来的一段时间内，股票价格持续稳定在 30 美元以上。然而，值得注意的是关于 EntreMed 公司的研究成果的论文，之前已在《自然》杂志上公开发表。如果市场是有效的，那么投资者应该在信息公开的第一时间，即《自然》杂志刊登该篇论文时就作出反应。与《自然》杂志相比，《纽约时报》的读者范围更广，舆论影响更大，并且更有可能引起投资者的关注。Della Vigna 和 Pollet（2009），Hirshleifer 等（2009）研究发现当投资者注意力较分散时，投资者对盈余信息的反应速度更慢，并且伴随着明显的盈余漂移现象。

投资者注意力假说认为，媒体报道能够引起投资者的关注，使得信息能够反映在股票价格当中。Baber 和 Odean（2008）的研究，将媒体报道作为投资者注意力的替代变量，认为媒体报道数量越多的股票，越容易引起投资者的注意；其次，上市公司经营业务所涉及的领域或概念越多，越容易成为市场追逐的热点，同样投资者对这类股票的关注度也会更高。因此，我们按照媒体报道数量，以及股票涉及概念的数量对样本进行分组。如果"投资者注意假说"成立，那么在媒体报道数量多和股票涉及的概念数量多的组，媒体语气影响投资组合收益率的现象则更为显著。表 4－7 报告了以媒体报道数量和股票概念数量进行分组后的回归结果，可以发现在投资者关注度高的组，无论是 CAPM 模型、Fama－French 模型，还是 Carhart 四因素模型，常数项 Alpha 均显著为正；相反，在投资者关注度中等和低的组，CAPM 模型、Fama－French 模型或是 Carhart 四因素模型的常数项 Alpha 均不显著。上述实证结果表明新信息反映在股票价格中，必须以投资者关注到这些信息为前提，支持“投资者有限注意力”假说。

表 4-7　　投资者注意力假说

	(1) CAPM 模型	(2) Fama-French 三因素	(3) Carhart 四因素
	By Media-Coverage		
	High		
Alpha	0.0064** (2.32)	0.0050** (1.97)	0.0047* (1.90)
	Medium		
Alpha	0.0030*** (2.87)	0.0022** (2.36)	0.0021** (2.32)
	Low		
Alpha	0.0006* (1.71)	0.0004 (1.35)	0.0004 (1.31)
	By Number of Conception		
	High		
Alpha	0.0067** (2.41)	0.0052** (1.99)	0.0051** (1.97)
	Medium		
Alpha	0.0030*** (2.82)	0.0023** (2.34)	0.0022** (2.13)
	Low		
Alpha	0.0007 (0.50)	0.0004 (0.23)	0.0004 (0.20)

注：***、**、*分别表示在1%、5%、10%水平上显著。

4.6 稳健性检验

4.6.1 剔除异常值

2015 年，中国资本市场多次出现千股涨停或千股跌停的异常现象。考虑到上述现象在资本市场中并非经常出现，为避免异常值对研究结论的干扰，我们剔除了 2015 年的样本，重新检验媒体效应是否存在。表 4－8 报告了剔除 2015 年数据后的回归结果，常熟项 Alpha 仍然显著为正。说明本章的研究结论不受异常值的影响。

表 4－8　　稳健性检验：剔除异常值

	(1)	(2)	(3)
	CAPM 模型	Fama－French 三因素	Carhart 四因素
Panel A：Long Pos－Media Stocks，Short Neg－Media Stocks			
Mkt－rf	0.1788***	0.1775***	0.1725***
	(9.07)	(8.21)	(7.43)
SMB	—	0.0236*	0.0228*
	—	(1.78)	(1.71)
HML	—	－0.0247	－0.0232
	—	(－1.16)	(－1.11)
UMD	—	—	－0.0810
	—	—	(－1.66)
Alpha	0.0093**	0.0075**	0.0061*
	(2.14)	(1.99)	(1.81)
Observations	51	51	51
R^2	0.2839	0.4156	0.4274

注：***、**、* 分别表示在 1%、5%、10% 水平上显著。

4.6.2 变更风险因素的计算方法

在前面的研究中，主要选用流通市值加权的方法计算市场溢价风险、规模因子和账市比因子等风险因素，在此基础上检验通过媒体关注度构造投资组合是否能获得超额收益。考虑到上市公司存在一定数量的非流通股。我们采用总市值加权的方法对模型中的风险因素进行计算，重新检验媒体效应是否存在。表 4－9 报告了按总市值加权方法计算后的回归结果，发现常数项 Alpha 的系数仍然显著为正，依旧支持前文的研究结论。

表 4－9　　稳健性检验：变更风险因素计算方法

	(1) CAPM 模型	(2) Fama－French 三因素	(3) Carhart 四因素
Panel A：Long Pos－Media Stocks，Short Neg－Media Stocks			
Mkt－rf	0.1462***	0.1347***	0.1324***
	(8.41)	(6.77)	(6.36)
SMB	—	0.0439***	0.0422**
	—	(2.63)	(2.51)
HML	—	－0.0113	－0.0104
	—	(－1.08)	(－0.85)
UMD	—	—	－0.0062
	—	—	(－1.10)
Alpha	0.0093**	0.0070**	0.0069**
	(2.60)	(2.07)	(2.05)
Observations	102	102	102
R^2	0.2721	0.4261	0.4309

注：***、**、* 分别表示在 1%、5%、10% 水平上显著。

4.7　本章小结

本章利用 51 家互联网媒体关于中国 A 股上市公司的新闻报道数据，深入研究媒体关注度对横截面股票收益的影响。本章通过对 2014 年 1 月 1 日至 2015 年 12 月 31 日期间，中国 A 股市场 441 家上市公司的 36282 个星期观测样本进行实证检验，研究发现：媒体正面报道的投资组合收益率显著高于媒体负面报道的投资组合收益率。具体而言，通过在第 t 周买入媒体正面报道的股票、卖出媒体负面报道的股票的方式构造投资组合，在控制了市场风险、资产规模、账市比和动量效应等风险因素后，该投资组合每周仍然可以获得超额收益。

本章首先检验媒体语气是否能够预测上市公司的企业绩效；随后分别对“流动性假说”和“投资者注意力假说”进行了探讨和检验。研究结果表明：（1）以总资产收益率和净资产收益率作为衡量企业绩效的替代变量，发现媒体语气与企业绩效显著正相关，即媒体正面报道越多，企业绩效越好；（2）以非流动比率、股票交易金额和股票价格作为衡量流动性的指标，并没有发现媒体语气影响投资组合收益率的现象，其仅在流动性最差的组显著，实证结果并不支持“流动性假说”；（3）以媒体报道数量和股票涉及的概念数量作为投资者注意力的替代变量，发现对于媒体报道数量多和股票概念多等容易吸引投资者注意力的股票，媒体语气对投资组合收益率的影响最为显著。上述实证结果表明新闻媒体通过投资者交易行为，最终使信息反映在股票价格之中。

本章在检验互联网媒体报道的预期是否影响横截面股票收益

中，研究结果为媒体语气对资本市场的影响提供了直接的经验证据。同时，本章的研究结论具有较强的政策含义：投资者应当不断提高自身对媒体信息的分析及解读能力，客观评价媒体报道的内容及语气，有效地利用媒体报道信息，不断提高投资收益。

第5章

媒体报道、投资者类型与市场反应

5.1　引言

根据信息经济学的观点，资本市场本质是信息市场，因而股票价格对信息的有效反映是市场得以存在的基础。资本市场定价效率很大程度上取决于投资者能否对信息作出反应，即通过投资者交易行为使信息及时和准确地反映在股票价格之中。作为资本市场重要的信息中介，新闻媒体是投资者获取信息的重要渠道之一。已有文献指出媒体报道有助于缓解信息不对称，增进市场信息效率，进而影响资产价格（Tetlock 等，2008；Fang 和 Peress，2009；Tetlock，2010；黄俊和郭照蕊，2014；谭松涛等，

2015)。然而，也有文献认为在媒体信息驱动下，投资者非理性行为会加剧资产的误定价程度及价格波动（Tetlock，2007；Garcia，2013；游家兴和吴静，2012）。现有文献的研究结论并未达成一致，原因在于可能忽视了媒体信息是通过影响交易者行为，进而作用于股票价格的。

通常认为，资本市场中的投资者可以分为个人投资者和机构投资者两类，不同投资者之间的差异主要在于他们获取信息的手段不同（谭松涛等，2014）。近十几年来，中国的机构投资者从无到有，不断发展壮大，在股票市场上的地位日益重要。一方面，机构投资者的信息渠道优势使其具有更广泛的信息来源。而对于个体投资者而言，媒体报道是他们获取公开信息最主要的途径（Barber和Odean，2008）。2009年，深圳证券交易所针对个体投资者进行调研，发现个体投资者主要通过网站、报纸和电视获取证券投资信息即投资技巧，分别占比82.9%、62.8%和49%。有42.9%的投资者认为媒体股评或者财经节目是其进行投资决策的主要依据，超过25%的个体投资者甚至将网络搜索上市公司名称作为了解上市公司的渠道。另一方面，与个人投资者相比，机构投资者可以通过购买分析报告，以及实地调研等方式获得与上市公司相关的信息。信息获取手段的多样性可以帮助机构投资者更快地掌握信息，提高其对信息的反应速度。因此，媒体信息的重要程度在个体投资者和机构投资者之间存在很大差别。那么，与个人投资者相比，机构投资者是否能更快地对媒体信息作出反应？

围绕上述问题，本书利用51家互联网媒体关于中国A股上市公司的报道数据，探讨不同类型投资者对媒体信息的反应。研究发现，与机构投资者相比，媒体信息对个人投资者的影响更显著。进一步研究表明，稳定型机构投资者在短期内对媒体信息不敏感，而交易型机构投资者会对媒体信息作出反应。

本章的研究贡献主要体现在以下两点：（1）丰富了媒体报道与市场反应的相关文献。本书从机构持股视角，将投资者划分为机构投资者与个人投资者，研究不同类型投资者对媒体信息的反应，丰富了相关领域的研究文献；（2）丰富了机构投资者与市场信息效率的研究文献。本书按照机构投资者的投资期限与持有动机，将机构投资者划分为稳定型投资者与交易型机构投资者，探讨不同类型机构投资者对媒体信息的反应，丰富了机构投资者与市场信息效率的研究文献。

本章余下部分安排为：第 2 节为文献回顾和理论分析；第 3 节为研究设计；第 4 节为实证分析；第 5 节为进一步研究；第 6 节为研究结论。

5.2　理论分析与研究假设

资本市场定价效率很大程度上取决于投资者能够准确和充分地对信息作出反应，并且通过股票交易使信息融入到股票价格之中。因此，投资者对信息的收集及解读，是信息融入股票价格必不可少的阶段。

Arrow K. J.（1984）提出对于某一事件，凡是有助于行为者进行判断和决策的知识和经验都属于有用信息，信息搜寻可以降低行为不确定性。当获取全部有用信息时，就可以完全规避风险，作出最优的投资决策。但是，由于市场信息不完全，投资者不可能了解所有的股票，并且信息在不同投资者之间的分配也是不对称的（Easley，2002）。基于上述信息分配的特点，新闻媒体通过将信息传递给市场参与者，进而提高了投资者认知。作为资本市场重要的信息中介，新闻媒体通过信息的搜集、加工、整理和传播，有助于降低信息不对称，改善市场信息效率。一方面，通过新闻媒体的报道，投资者能够获得包括上市公司经营水平、盈利能力以及未来发展在内的相关信息，媒体对上市公司的关注度越高，越有利于信息在投资者之间的扩散传播（Bushee等，2010）。另一方面，由于投资者注意力是有限的，无法关注到市场上所有的信息，因而即使信息是公开的，投资者也可能忽视信息的潜在价值，使得信息不能及时地反映在股票价格中（Hong和Stein，1999）。而新闻媒体通过吸引投资者注意力，可以帮助投资者扩大信息搜集范围，关注到有价值的信息，并通过交易行为使信息更快地反映在股票价格中（Barber和Odean，2008）。

与个人投资者相比，机构投资者拥有更大的资金规模、更专业的投资能力和更强的风险承受能力，同时还有更强的信息搜寻意愿和信息解读能力，从而为机构投资者的有效决策提供了更多信息。

（1）信息搜寻意愿。与个体投资者相比，机构投资者具有更强烈的信息搜寻意愿，而信息搜寻意愿则取决于投资者在信息搜寻成本和预期风险损失之间作出权衡。Stigler（1961）认为投资者会对信息搜寻成本和预期风险作出判断，在此基础上决定最优的信息搜寻数量。由于存在成本约束，只有当投资决策所涉及的预期风险损失较大，即不确定性涉及的经济利益较大时，投资者为了降低风险并减少损失，才会进行信息搜寻；当预期风险损失较小时，投资者通常不会为了降低风险无限度地进行信息搜寻。现实中，机构投资者资金规模更大，一旦作出错误的投资决策，会导致重大损失，如果获利也能够弥补搜寻信息所花费的成本。然而，个体投资者资金主要来源于自有资金，因而资金规模较小，即便作出错误的投资决策，面临的损失也会比较小；其次，个人投资者愿意搜寻信息，并且能够降低投资风险，但由于资金规模小，信息带来的投资收益并不足以弥补信息搜寻的成本，因此个体投资者的信息搜寻意愿较弱。

（2）信息解读能力。即便机构投资者有更强的信息搜寻意愿，同时也获得了更多的信息。但是信息搜寻只是简单地增加了信息的数量，却无法保证信息质量的提高，因为投资者获取的信息可能存在两个问题：一是信息无效；二是信息并不一定与投资决策直接相关，需要对信息进行分析和解读之后才有助于决策。例如，投资者可以获取上市公司的财务报表数据，但由于缺乏专业会计知识，投资者对会计信息的分析、解读和利用就会受到限制，导致投资者可能会忽略某些有价值的信息，或者错误地把无效信息当作有价值的信息。因此，投资者对信息的解读是其投资决策过程中最重要的环节。与个体投资者相比，机构投资者往往经过专业化训练，并且拥有丰富的投资经验和知识，可以利用定量和定性等多种方式对信息进行分析，充分挖掘信息内容，并且具备更强的信息解读能力，进而导致两类投资者对媒体语气呈现出不同的态度。

综上所述，机构投资者不仅通过新闻媒体获取信息，还可以通过分析师报告，甚至是实地调研的方式去获得有价值的投资信息。因此，机构投资者拥有的信息数量及信息渠道远远多于个人投资者。另一方面，机构投资者也有能力对媒体信息进行充分解读，充分挖掘有价值的信息，因而不容易受到新闻媒体的“干扰”（张圣平等，2014）；相反，个人投资者的交易决策更容易受媒体信息影响（Peress，2014）。基于上述分析，本章提出如下假设：

H1：与机构投资者相比，媒体信息对个人投资者的影响更显著。

5.3 研究设计

5.3.1 研究样本

本章研究样本为2014年1月1日至2015年12月31日期间的51家国内主流互联网媒体关于中国A股上市公司的新闻报道。本章的研究样本分别与本书的第3章和第4章相同，在此不再进行介绍。媒体报道数据由中国人民大学“数据工程与知识工程教育部重点实验室”提供。本书的交易数据和财务数据主要来源于RESSET金融研究数据库和CSMAR数据库。

5.3.2 投资者类型的度量

通常认为按照投资者结构，可划分为机构投资者和个人投资者。严杰（1993）主编的《证券词典》[①] 将机构投资者定义为：以自由资金或信托资金进行投资管理活动的，具有某种组织形式的，与个体投资者相对应的团体，具体包括信托、基金、保险、银行等多种机构。按照我国资本市场投资者组成类别，除上述团体之外，机构投资者还包括商业银行、风险投资基金和财务公司（陈小林和孔东民，2012）。本书借鉴Gillan和Starks（2000）的研究，以机构投资者持股占上市公司总股份的比例作为衡量机构投资持股比例的指标。其次，本书所指的机构投资者与薄仙慧和吴联生（2009）的定义一致，包括基金、券商、QFII、社保基

① 严杰，证券词典．复旦大学出版社，1993.

金、保险公司、券商理财产品、企业年金、财务公司和信托公司等。由于上市公司机构投资者持股数据只按季度报告，不能获得周数据。因此，本章按照机构投资者持股比例的季度数据将总样本分为三组，机构投资者持股比例最高的组视为机构投资者组，同时机构投资者比例最低的组则视为个人投资者组。虽然上述分组方式过于简单，但受限于获取数据的难度，只能根据现有数据结构进行划分。

5.3.3　构造投资者组合

本章从媒体报道数量和媒体报道语气两个角度，考察不同投资者类型对媒体信息的反应。因此，本章根据媒体报道数量和媒体报道语气两个指标，分别对样本进行分组。

（1）根据媒体报道数量对样本进行分组，具体分组步骤如下：第一，根据机构投资者持股比例，将样本分为机构投资者持股比例低、中和高三组，其中机构投资者持股比例低和高的组分别对应个人投资者组和机构投资者组；第二，在划分个人投资者和机构投资者组的基础上，再按照媒体报道数量对各样本进行分组。第三，与本书第 3 章相同，都选择在第 t 周买入未被媒体报道的股票，卖出媒体关注度高股票的方式构造投资组合，并计算该投资组合在第 t + 1 周的收益率。每周都根据上述方法构造投资组合，并计算投资组合在 t + 1 周的收益率，最终获得该投资组合周收益率的时间序列数据。

（2）根据媒体报道语气对样本进行分组，具体分组步骤如下：第一，根据机构投资者持股比例，将样本分为机构投资者持股比例低、中和高三组，其中机构投资者持股比例低和高的组分别对应个人投资者组和机构投资者组；第二，在划分个人投资者和机构投资者组的基础上，再按照媒体报道数量对各样本进行分组；第三，与本书第 3 章相同，都选择在第 t 周买入媒体正面报道的股票，卖出媒体负面报道股票的方式构造投资组合，并计算该投资组合在第 t + 1 周的收益率。每周都根据上述方法构造投资组合，并计算投资组合在 t + 1 周的收益率，最终获得该投资组合周收益率的时间序列数据。

5.3.4 模型设计

已有文献表明股票收益率会受到市场风险、资产规模、账市比和动量因子等风险因素的影响（Fama 和 French，1993；Carhart，1997）。为控制其他风险因素对股票收益率的影响，本章借鉴 Fang 和 Peress（2009）的方法，分别选用市场模型（the market model）、Fama – French 三因素模型（three-factor model），以及 Carhart 四因素模型（four-factor model），检验媒体报道数量及媒体报道语气对横截面股票收益的影响：

$$Potofolio_t = Alpha_t + \beta_1 RMF_t \quad (5-1)$$

$$Potofolio_t = Alpha_t + \beta_1 RMF_t + \beta_2 SMB_t + \beta_3 HML_t \quad (5-2)$$

$$Potofolio_i = Alpha_t + \beta_1 RMF_t + \beta_2 SMB_t + \beta_3 HML_t + \beta_4 UMD_t \quad (5-3)$$

式 5 – 1、式 5 – 2 和式 5 – 3 分别表示市场模型、Fama – French 三因素模型和 Carhart 四因素模型。其中，$Potofolio_t$ 代表投资组合在第 t 周的收益率，为投资组合的原始收益率；RMF_t 为第 t 周的市场风险溢价因子，等于市场投资组合的周收益率与无风险周收益率之差，代表市场风险对投资组合收益率的影响；SMB_t 为第 t 周资产规模风险因子，等于小规模公司投资组合的周收益率与大规模公司投资组合的周收益率之差，反映资产规模对投资组合收益率的影响；HML_t 为第 t 周账市比风险因子，等于高账市比公司的投资组合周收益率与低账市比公司的投资组合周收益率之差，表示成长型与价值型股票之间的差异；UMD_t 为第 t 周动量因子，等于高收益率的投资组合周收益率与低收益率的投资组合周收益率之差。

5.4　实证分析

5.4.1　媒体关注度、投资者类型与股票收益

表 5－1 报告了按机构投资者持股比例进行分组后，媒体关注度与横截面股票收益率的回归结果。可以发现，在机构投资者持股比例低和中等的组，未被媒体报道的投资组合收益率均显著高于媒体关注度高的投资组合，即通过买入未被媒体报道、卖出媒体关注度高股票的方式构造投资组合，在控制市场溢价风险、规模因子、账市比因子和动量效应等风险因素后，常数项 Alpha 的系数均显著为正，表明该投资组合仍然可以获得超额收益。但是，在机构投资者持股比例高的组，常数项 Alpha 并不显著，说明媒体关注度对横截面股票收益率的影响并不存在。上述实证结果表明与机构投资者相比，媒体信息对个人投资者的影响更显著。

5.4.2　媒体语气、投资者类型与股票收益

表 5－2 报告了按机构投资者持股比例进行分组后，媒体语气与横截面股票收益率的回归结果。可以发现，在机构投资者持股比例低的组，媒体正面报道投资组合收益率显著高于媒体负面报道的投资组合，即通过买入媒体正面报道、卖出媒体负面报道股票的方式构造投资组合，在 CAPM 模型中，常数项 Alpha 在

表 5-1　　媒体关注度、投资者类型与股票收益

	(1) CAPM 模型	(2) Fama - French 三因素	(3) Carhart 四因素
Low			
Alpha	0.0028**	0.0019*	0.0018*
	(2.14)	(1.94)	(1.92)
Medium			
Alpha	0.0026**	0.0017*	0.0015*
	(2.01)	(1.81)	(1.77)
High			
Alpha	0.0022*	0.0013	0.0012
	(1.90)	(1.22)	(1.20)

注：***、**、* 分别表示在 1%、5%、10% 水平上显著。

5%的水平上显著为正，在 Fama - French 三因素模型和 Carhart 四因素模型中，常数项 Alpha 均在 10%的水平上显著为正，上述结果表明在控制市场溢价风险、规模因子、账市比因子和动量效应等风险因素后，该投资组合仍然可以获得无风险收益。然而，在机构投资者持股比例高的组，常数项 Alpha 并不显著。上述实证结果表明，个人投资者更依赖于媒体语气作投资决策。

5.5　进一步研究：机构投资者异质性

前文实证结果表明，新闻媒体在资本市场中扮演着信息中介的角色，那么导致机构投资者与个人投资者对媒体信息反应程度不一致的原因可能有以下三种：（1）机构投资者能够影响信息的收集和处理。Sias（1996）认为分析师倾向于跟踪机构投资者

表 5－2　　　　媒体语气、投资者类型与股票收益

	(1) CAPM 模型	(2) Fama－French 三因素	(3) Carhart 四因素
	Low		
Alpha	0.0030*** (2.91)	0.0022** (2.26)	0.0021** (2.23)
	Medium		
Alpha	0.0013 (1.24)	0.0008 (0.92)	0.0007 (0.89)
	High		
Alpha	0.0006 (0.82)	0.0004 (0.69)	0.0004 (0.66)

注：***、**、* 分别表示在 1%、5%、10% 水平上显著。

持股比例高的上市公司，因此机构投资者比例的提高会吸引更多分析师的关注，进而增加了与上市公司相关的信息总量，使得投资者对分析师跟踪人数较多的上市公司更加了解，上市公司的信息透明度也会较高。（2）机构投资者可以改善上市公司的信息披露（Bushee 和 Noe，2000），因而有助于降低上市公司与投资者之间的信息不对称程度。（3）与个人投资者相比，机构投资者拥有更专业的投资能力和更丰富的信息资源，其投资决策更多依赖于可靠的信息。Brandt 等（2009）研究发现对机构投资者持股比例较低的上市公司而言，其股票的投机性交易会更多。总的来看，机构投资者通过持有上市公司的股票，可以增加股票价格的信息含量，改进市场信息效率。

现有研究表明不同的机构投资者参与公司治理的程度以及投资期限和持股动机存在显著差异（Brickley 等，1988；Bushee，1998；Almazan 等，2005；Chen 等，2007；Bushee 等，2010；

Elyasiani 和 Jia，2010）。本章借鉴 Elyasiani 和 Jia（2010）、牛建波等（2013）和李争光等（2015）的研究方法，按照机构投资者的投资期限和持股动机的不同将其划分为稳定型机构投资者与交易型机构投资者。我们认为稳定型机构投资者更关注上市公司长期的经营业绩和盈利能力，也更愿意参与企业的公司治理，更有效地发挥监督管理层作用，减少成本，因而稳定型机构投资者是长期投资者，并不看重短期的获利机会；相反，交易型机构投资者可能不关注上市公司的未来发展情况，而是希望通过股价的短期波动来获利。Yan 和 Zhang（2009）研究发现，与稳定型机构投资者相比，交易型机构投资者更倾向于频繁的股票交易。

本章从时间和行业两个维度来度量机构投资者的稳定性。首先，从时间维度衡量机构投资者持股的稳定性。我们运用上市公司当年的机构投资者持股比例除以前三年机构持股的标准差来判断机构投资者的持股动机。在机构投资者持股比例一定的情况下，如果过去三年机构投资者持股比例的标准差越小，则表明该企业的机构投资者持股比例变动越小，稳定性越强。机构投资者持有上市公司股票时间越长，则更有可能关注上市公司长期的经营业绩；反之，如果过去三年机构投资者持股比例的标准差越大，则说明该企业的机构投资者持股比例波动越大，机构投资者的稳定型越差，有可能是机构投资者根据公司股价波动情况进行投机性交易的结果。

其次，为避免行业因素的干扰，我们再基于行业因素来衡量机构投资者持股的稳定性。我们用当年的机构投资者持股比例除以其前三年机构投资者持股比例的标准差，如果该数值大于（含等于）其年度、行业的中位数时，则认定该企业的机构投资者为稳定型机构投资者；反之，则认定该企业的机构投资者为交易型机构投资者。具体计算公式如下：

$$\begin{cases} SD_{it} = \dfrac{Inshare_{it}}{STD(Inshare_{it-3}, Inshare_{it-2}, Inshare_{it-1})} \\ Stable_{it} = \begin{cases} 1, SD_{it} \geqslant Median_{tj}(SD_{tj}) \\ 0, SD_{it} < Median_{tj}(SD_{tj}) \end{cases} \end{cases}$$

其中，$Inshare_{it}$表示 i 公司在第 t 年的机构投资者持股比例，$STD(Inshare_{it-3}, Inshare_{it-2}, Inshare_{it-1})$表示 i 公司前三年机构投资者持股比例的标准差；$SD_{it}$表示 i 公司在第 t 年的机构投资者持股比例与其过去三年机构投资者持股比例标准差的比值；$Median_{tj}(SD_{tj})$表示第 t 年 j 行业 SD 的中位数；$Stable_{it}$代表机构投资者稳定性，当 $SD_{it} \geqslant Median_{tj}(SD_{tj})$，则视为 i 公司第 t 年的机构投资者为稳定型机构投资者；反之则表示公司 i 第 t 年的机构投资者为交易型机构投资者。

1. 媒体关注度、机构投资者类型与股票收益。首先，我们以媒体报道数量作为衡量媒体信息的替代变量。表 5 - 3 报告了按照机构投资者类型进行分组后的回归结果，可以发现对稳定型机构投资者持股的上市公司而言，投资组合收益率受媒体信息的影响不显著，而在交易型机构投资者持股的上市公司，模型的常数项 Alpha 显著为正，说明未被媒体报道的投资组合收益率显著高于媒体关注度高的股票。上述实证结果表明与稳定型机构投资者相比，交易型机构投资者更关注媒体信息，更关注上市公司长期的经营业绩和盈利能力，也更愿意参与企业的公司治理，更有效地发挥监督管理层作用不同，交易型机构投资者更看重短期的交易行为，希望通过股价的短期波动来获利。

2. 媒体语气、机构投资者类型与股票收益。其次，我们以媒体语气作为衡量媒体信息的替代变量。表 5 - 4 报告了按照机构投资者类型进行分组后的回归结果，可以发现回归结果与表 5 - 3的回归结果并无差异。上述实证结果表明，与稳定型机构投

表 5－3　媒体关注度、机构投资者异质性与股票收益

	(1) CAPM 模型	(2) Fama－French 三因素	(3) Carhart 四因素
		Stable	
Alpha	0.0025*	0.0015	0.0014
	(1.87)	(1.23)	(1.22)
		Non－Stable	
Alpha	0.0060**	0.0040*	0.0039**
	(2.46)	(1.84)	(1.83)

注：***、**、* 分别表示在 1%、5%、10% 水平上显著。

资者相比，交易型机构投资者更关注媒体信息，希望通过短期交易获利。而稳定型机构投资者可能更注重上市公司的长期绩效和盈利能力，不关注短期媒体信息对股票价格的影响。

表 5－4　媒体语气、机构投资者异质性与股票收益

	(1) CAPM 模型	(2) Fama－French 三因素	(3) Carhart 四因素
		Stable	
Alpha	0.0025*	0.0018	0.0017
	(1.69)	(1.29)	(1.27)
		Non-Stable	
Alpha	0.0072***	0.0057**	0.0056**
	(2.99)	(2.53)	(2.50)

注：***、**、* 分别表示在 1%、5%、10% 水平上显著。

5.6　本章小结

本章内容是在本书第 3 章和第 4 章研究的基础上，进一步区分投资者类别，探讨不同类型投资者对媒体信息的反应程度。(1) 本章认为由于机构投资者与个人投资者在信息搜集意愿和信息搜集能力等方面存在显著差异。因此，按照机构投资者持股比例，将投资者划分为个人投资者与机构投资者，探讨两类投资者对媒体信息的反应是否一致。研究发现：无论以媒体报道数量，还是以媒体报道语气作为衡量媒体信息的指标，与机构投资者相比，媒体信息对个人投资者的影响更显著。(2) 不同的机构投资者参与公司治理的程度，以及投资期限和持股动机存在显著差异。因此，按照机构投资者的投资期限与持股动机，将机构投资者划分为稳定型机构投资者与交易型机构投资者。研究发现，与稳定型机构投资者主要关注上市公司长期企业绩效和盈利能力不同，交易型机构投资者短期内会对媒体信息作出反应。

本章的研究结论还具有如下的政策含义：(1) 研究媒体报道和媒体预期对股票收益率的影响，需要注意在同一市场条件下，不同股票个体所面临的不同信息环境，不能简单地将媒体报道等同于市场信息；(2) 作为获取上市公司信息最主要和最便利的渠道之一，媒体报道对个体投资者的影响要大于对机构投资者的影响；(3) 我国资本市场还处于发展初期，个体投资者比例较高、投资经验相对不足。因此监管机构如何确保媒体报道的客观性、公正性和独立性，对于稳定资本市场，提高资本市场定价效率，以及更好地帮助广大中小投资者进行投资决策具有重要意义。

第6章 结束语

本章将对全书进行总结，具体安排如下：第 1 节对本书的研究结论进行归纳和总结；第 2 节根据本书的研究结论，提出相应的政策启示；第 3 节指出本书存在的研究局限；第 4 节在研究局限的基础上，进一步提出未来的研究方向。

6.1 研究结论

本书以 2014 年 1 月 1 日至 2015 年 12 月 31 日期间，51 家国内主流互联网媒体关于中国 A 股上市公司的新闻报道为研究样本，以传统资产定价理论与行为金融理论为基础，结合信息不对称、投资者认知和投资者有限注意力等理论，从媒体报道数量和媒体报道语气两个层面，探究互联网媒体在资本市场中的作用，以及不同类型投资者对互联网媒体信息的反应。本书的研究结论如下：

第一，互联网媒体报道数量会影响横截面股票收益。本书第 3 章借鉴 Fang 和 Peress（2009）的研究，根据互联网媒体关于每家上市公司的新闻报道数量，将所有上市公司分为未被媒体报道、媒体关注度低和媒体关注度高三组，考察媒体关注度对横截面股票收益率的影响。研究发现未被媒体关注的投资组合收益率要高于媒体关注度高的投资组合收益率。进一步研究表明，“投资者认知假说”能更好地解释媒体效应的存在，同时发现“过度关注弱势假说”并不成立。

第二，互联网媒体报道语气会影响横截面股票收益。本书第 4 章根据媒体报道语气将研究样本分为媒体正面报道、中性报道和负面报道三组，考察媒体语气对横截面股票收益率的影响。研究发现，媒体正面报道的投资组合收益率要高于媒体负面报道的投资组合收益率。进一步研究表明，媒体报道语气能够向市场参与者提供盈余预测的增量信息，即媒体正面报道越多，上市公司的企业绩效越好。

第三，不同类型投资者对媒体信息的反应程度存在差异。本书第 5 章根据机构投资者持股比例，将市场参与者划分为机构投资者和个人投资者，探讨不同类型投资者对媒体信息的反应。研究发现，无论以媒体报道数量，还是以媒体报道语气作为衡量媒体信息的指标，机构投资者与个人投资者对媒体信息的反应程度存在显著差异，媒体信息对个人投资者的影响更显著。进一步研究表明，稳定型机构投资者对媒体信息不敏感，而交易型机构投资者会对媒体信息作出反应。

6.2 研究启示

本书立足中国资本市场，研究互联网媒体报道对股票价格的影响。基于上述研究结论，具有以下三点启示。

第一，进一步加强互联网媒体舆论导向工作。习近平总书记多次提到互联网已经融入社会生活方方面面，深刻改变了人们的生产和生活方式，应加强网络社会管理，加强网络新技术新应用的管理，确保互联网客观可控。资本市场的稳定对一国的经济发展和社会稳定起着至关重要的作用。本书研究表明，互联网媒体会对股票价格产生影响。因此，有关监管部门应有针对性地关注互联网舆论导向，避免互联网舆论对资本市场造成的负面冲击。

第二，重视互联网媒体在提高资本市场信息效率中的重要作用。与西方成熟资本市场不同，我国是典型的新兴资本市场，表现为个人投资者占比高，上市公司信息透明度低等特征，导致股票换手率高，并且整个市场经常出现暴涨或暴跌的现象。本书研究发现互联网媒体能够为市场参与者，特别是个人投资者提供有价值的信息，有助于降低信息不对称程度。因此，应充分发挥互联网媒体的信息中介职能，提高资本市场定价效率，避免资本市场暴涨暴跌对国民经济造成的冲击。

第三，应充分挖掘互联网媒体的有效信息。互联网媒体的迅速发展，意味着投资者获取的信息更加丰富，也降低了投资者获取信息的成本。同时，也会出现大量转载信息、重复信息甚至是虚假信息的问题，增加了投资者甄别信息的难度。本书研究结论表明，投资者对媒体信息反应不足。因此，投资者特别是个人投资者应不断提高自身专业能力，充分挖掘互联网媒体中的有效信息，以获取更高的投资收益。

6.3　研究局限

第一，样本选取方面的局限。中国人民大学“数据工程与知识工程教育部重点实验室”于2013年11月份正式开展“互联网舆情监控”项目。为缓解季度效应对研究结论的干扰，本书只选取了2014年1月1日至2015年12月31日期间的媒体报道数据，研究区间偏短，无法考察不同市场形态下投资者对媒体信息的反应程度是否存在差异。例如，当资本市场分别处于牛市和熊市的不同阶段，投资者对媒体信息的反应程度可能会不同。

第二，研究内容方面的局限。本书运用计算机信息抽取和自然语言处理技术对媒体报道内容进行了分析，只简单地区分了媒体正面报道和负面报道。然而，现实中媒体报道的内容涉及宏观经济形势、市场环境和行业发展趋势、上市公司经营管理现状，甚至仅针对上市公司高管的报道。不难想象，投资者对不同报道内容的选择和判断会不一样，进而作用于股票价格。其次，互联网媒体包括综合类或财经类网站，甚至是微博或论坛互动平台，不同媒体的报道内容、报道方式和报道态度不同，不同媒体受众人群在专业知识和投资理念方面也会不一样，进而对媒体信息的判断和反应也会不同。例如，财经类网站对经济或金融信息的分析更深入，综合类网站的新闻内容涉及的领域或范围可能更广，而微博或论坛可以为人们提供互相沟通和交流的平台。

第三，研究视角方面的局限。本书的研究仅考察了媒体报道对资产价格的影响，忽视了公司或其他利益主体存在主动管理媒体报道的行为。已有研究表明新闻媒体可能会受到商业利益、广告收入或公司高管的影响，会对新闻内容进行裁剪和取舍，放弃客观、独立的观点，甚至以上市公司的利益为核心歪曲事实的真相。例如，投资基金的广告支出可能会影响私人媒体对基金的报道（Zitzewitz，2006）、券商利用新闻媒体宣传新股（Cook，2006）、上市公司在实施并购或 IPO 期间，利用新闻媒体进行造势（Ahern 和 Sosyura，2014；汪昌云等，2015）。

6.4 研究展望

根据之前研究局限部分提到的不足，笔者认为未来的研究至少存在以下三个可以拓展的研究方向。

第一，尚没有文献探讨不同市场态势下媒体信息对资本市场的影响。目前关于媒体报道与资本市场的研究，大都没有区分牛市或熊市。已有研究表明，不同市场态势下，投资者对好消息和坏消息的反应程度不同。例如，当资本市场处于牛市阶段（熊市阶段），利好消息（利空消息）对股票市场的影响大于利空消息（利好消息）对股票市场的影响。但现有文献是根据时间序列模型的残差项来定义好消息和坏消息，尚没有文献直接考察不同市场态势下媒体报道对股票市场的影响。例如，在牛市阶段（熊市阶段），媒体报道的好消息（坏消息）是否会显著增加，投资者对媒体信息是反应过度还是反应不足？

第二，已有文献忽略了媒体报道内容。目前关于媒体报道内容与资本市场的研究，大多只简单区分了媒体报道的语气，即正面报道或负面报道，忽略了媒体报道内容可能涉及宏观经济形势、市场环境和行业发展趋势、上市公司经营管理现状，甚至是股票投资建议等不同内容。但是尚没有文献对媒体报道内容进行区分。因此，未来关于媒体报道与资本市场的研究，可以从媒体报道内容进一步展开。

第三，鲜有文献探讨上市公司或机构投资者主动管理媒体信息的问题。目前关于媒体报道与资本市场的研究，大多假定新闻媒体为独立的第三方，在资本市场中发挥信息中介的作用。然而，已有研究表明，上市公司在实施并购或 IPO 期间，会通过媒体进行造势。上市公司投融资决策与资本市场息息相关，有动机通过主动管理媒体信息的行为影响投资者。除并购和 IPO 之外，上市公司定向增发的股票价格及高管的股权激励行权价格，或者机构投资者二级市场交易等行为，都与股票价格直接相关。但是尚没有文献对上述现象进行探讨。因此，未来关于媒体报道与资本市场的研究，可以结合上市公司的重大投融资决策或机构投资者交易行为来进行。

附录　基于情感词典的媒体语气分析程序

基于情感词典的分析方法主要包括以下步骤：

（1）文本切割转换。对一篇新闻报道进行情感分析时，需要将文章分割为段落、句子和意群（意群为表示情感的最小单元）。文本切割的目的是将文章变成后续分析需要的格式，过程可以表示如下：

Paragraph = Document. split（“/n”）。注释：将文章分割成段落。

Sentence = Paragraph. split（punc）punc = [“。”，“；”，“？”，“！”]。注释：用中文的句号、分号、问号和感叹号将段落切割成句子。

Group = Sentence. split（“，”）。注释：用中文逗号划分句子里的意群。

Seg（each Group）。注释：运用分词工具或者分词函数对意群进行分词。

（2）情感定位。在对文本进行切割后，需要对分词的情感进行定位。本书基于情感词典构建了一张情感词表，将分词与情感词表进行逐个匹配，若能找到，则为情感词，并读取该分词的情感极性及相应的权重；如果不是情感词，则跳跃到下一个分词，直至整句话判断结束，过程可以表示如下：

```
For each Paragraph in Document:
  For each Line in Paragraph:
    For each Group in Line:
```

```
        For each Word in Group:
          If word in senDict
            senWord = (句中位置, 情感倾向, 情感强度)
```

然而，中文表达方式存在双重否定表肯定的现象，即当否定词出现奇数次时，表达的是否定意思；而当否定词出现偶数次时则表达肯定的意思。为避免混淆，本书单独构建了一个否定词典notDict，并赋值为-1。对否定词的处理为：

```
For each Paragraph in Document:
   For each Line in Paragraph:
      For each Group in Line:
        For each Word in Group:
          If word in senDict
          senWord = (句中位置, 情感倾向, 情感强度)
          LastSenWordPosition = 0
          For i in range (senWord [0], LastSenWordPosition, -1):
          if Group [i] in notDict:
              notWord.append((句中位置, -1))
          LastSenWordPosition = senWord [0]
```

此外，当使用程度副词修饰情感词时，该情感词的情感倾向程度发生了变化。本书选用“情感分析用词语集（beta版）”中的“中文程度级别词语”共219个，为每个程度副词定义了一个权重，被程度副词修饰后的情感词其权值应做相应调整。程度副词的处理过程如下：

```
For each Paragraph in Document:
   For each Line in Paragraph:
     For each Group in Line:
```

```
For each Word in Group:
  If word in senDict:
    senWord = (句中位置, 情感倾向, 情感强度)
      LastSenWordPosition = 0
        for i in range (senWord [0], LastSenWord-
        Position, -1):
          if Group [i] in degreeDict:
            degreeWord = ((句中位置, 修饰强
            度))
          LastSenWordPosition = senWord [0]
```

（3）情感聚合。通过前两步的分析，我们完成了句子意群的划分，并且也提取出了每个意群里的情感词、否定词和程度副词。在此基础上，可以判断意群的情感值：情感值 = 否定词(-1) × 程度词权重 × 情感词权重。句子由意群组成的，句子的情感值 = sum（意群 1 情感值，意群 2 情感值……）。与句子的情感值计算方法类似，段落或文章的情感值分别等于句子或段落的情感值加总，但考虑到段落的长短变化很大，因此段落和文章的情感值不是使用求和的方式，改用平均值的方式进行计算。例如，段落情感值 = average（句子 1 情感值，句子 2 情感值……）。

参考文献

[1] Ahern K R, Sosyura D. Who writes the news? Corporate press releases during merger negotiations [J]. The Journal of Finance, 2014, 69 (1): 241 ~291.

[2] Albuquerque R, Vega C. Economic News and International Stock Market Co - movement [J]. Review of Finance, 2009, 13 (3): 401 ~465.

[3] Almazan A, Hartzell J C, Starks L T. Active institutional shareholders and costs of monitoring: Evidence from executive compensation [J]. Financial Management, 2005, 34 (4): 5 ~34.

[4] Amihud Y. Illiquidity and stock returns: cross - section and time - series effects [J]. Journal of Financial Markets, 2002, 5 (1): 31 ~56.

[5] Ang A, Hodrick R J, Xing Y et al. The cross - section of volatility and expected returns [J]. The Journal of Finance, 2006, 61 (1): 259 ~299.

[6] Antweiler W, Frank M Z. Is all that talk just noise? The information content of internet stock message boards [J]. The Journal of Finance, 2004, 59 (3): 1259 ~1294.

[7] Arrow K J. 1984. The economics of information [M]. Harvard University Press.

[8] Bali T G, Scherbina A, Tang Y. Unusual news events and the cross - section of stock returns [J]. UC Davis Graduate School of

Management Research Paper, 2009 (10－09) .

[9] Barber B M, Loeffler D. The "Dartboard" column: Second－hand information and price pressure [J]. Journal of Financial and Quantitative Analysis, 1993, 28 (02): 273～284.

[10] Barber B M, Odean T. All that glitters: The effect of attention and news on the buying behavior of individual and institutional investors [J]. Review of Financial Studies, 2008, 21 (2): 785～818.

[11] Barber B, Lehavy R, McNichols M et al. Can investors profit from the prophets? Security analyst recommendations and stock returns [J]. The Journal of Finance, 2001, 56 (2): 531～563.

[12] Barberis N, Huang M, Santos T. Prospect theory and asset prices [Z]. National bureau of economic research, 1999.

[13] Barberis N, Shleifer A, Vishny R. A model of investor sentiment [J]. Journal of Financial Economics, 1998, 49 (3): 307～343.

[14] Barberis N, Shleifer A, Wurgler J. Comovement [J]. Journal of Financial Economics, 2005, 75 (2): 283～317.

[15] Barberis N, Thaler R. A survey of behavioral finance [J]. Handbook of the Economics of Finance, 2003 (1): 1053～1128.

[16] Bell D E. Disappointment in decision making under uncertainty [J]. Operations research, 1985, 33 (1): 1～27.

[17] Berry T D, Howe K M. Public information arrival [J]. The Journal of Finance, 1994, 49 (4): 1331～1346.

[18] Bhattacharya U, Galpin N, Ray R et al. The role of the media in the internet IPO bubble [J]. Journal of Financial and Quantitative Analysis, 2009, 44 (03): 657～682.

[19] Birz G, Lott J R. The effect of macroeconomic news on

stock returns: New evidence from newspaper coverage [J]. Journal of Banking & Finance, 2011, 35 (11): 2791 ~2800.

[20] Black F. Capital market equilibrium with restricted borrowing [J]. The Journal of Business, 1972, 45 (3): 444 ~455.

[21] Black F, Scholes M. The pricing of options and corporate liabilities [J]. The Journal of Political Economy, 1973, 637 ~654.

[22] Blume M E, Friend I. A new look at the capital asset pricing model [J]. The Journal of Finance, 1973, 28 (1): 19 ~34.

[23] Boehmer E, Jennings R, Wei L. Public disclosure and private decisions: Equity market execution quality and order routing [J]. Review of Financial Studies, 2007, 20 (2): 315 ~358.

[24] Bondt W F, Thaler R. Does the stock market overreact? [J]. The Journal of Finance, 1985, 40 (3): 793 ~805.

[25] Boyd J H, Hu J, Jagannathan R. The stock market's reaction to unemployment news: Why bad news is usually good for stocks [J]. The Journal of Finance, 2005, 60 (2): 649 ~672.

[26] Brandes L, Rost K. Media, Limited Attention and the Propensity of Individuals to Buy Stocks [J]. SSRN Working Paper Series, 2009.

[27] Brandt M W, Brav A, Graham J R et al. The idiosyncratic volatility puzzle: Time trend or speculative episodes? [J]. Review of Financial Studies, 2010, 23 (2): 863 ~899.

[28] Breeden D T. An intertemporal asset pricing model with stochastic consumption and investment opportunities [J]. Journal of Financial Economics, 1979, 7 (3): 265 ~296.

[29] Brickley J A, Lease R C, Smith C W. Ownership structure and voting on antitakeover amendments [J]. Journal of Financial Eco-

nomics, 1988 (20): 267 ~291.

[30] Bushee B J. The influence of institutional investors on myopic R&D investment behavior [J]. Accounting review, 1998: 305 ~333.

[31] Bushee B J, Core J E, Guay W et al. The role of the business press as an information intermediary [J]. Journal of Accounting Research, 2010, 48 (1): 1 ~19.

[32] Bushee B J, Noe C F. Corporate disclosure practices, institutional investors, and stock return volatility [J]. Journal of Accounting Research, 200:, 171 ~202.

[33] Cai D, Yu S, Wen J et al. Extracting content structure for web pages based on visual representation [M]. Springer: 2003, 406 ~417.

[34] Carhart M M. On persistence in mutual fund performance [J]. The Journal of Finance, 1997, 52 (1): 57 ~82.

[35] Carvalho C, Klagge N, Moench E. The Persistent effects of a false news shock [Z]. Staff Report, Federal Reserve Bank of New York, 2009.

[36] Chan W S. Stock price reaction to news and no – news: Drift and reversal after headlines [J]. Journal of Financial Economics, 2003, 70 (2): 223 ~260.

[37] Chan Y, Chui A C, Kwok C C. The impact of salient political and economic news on the trading activity [J]. Pacific – Basin Finance Journal, 2001, 9 (3): 195 ~217.

[38] Chemmanur T J, Yan A. Advertising, attention, and stock returns [J]. Attention, and Stock Returns (February 10, 2009).

[39] Chen A, Hong B. Institutional ownership changes and re-

turns around analysts' earnings forecast release events: Evidence from Taiwan [J]. Journal of Banking & Finance, 2006, 30 (9): 2471 ~2488.

[40] Chen H, De P, Hu Y J et al. Wisdom of crowds: The value of stock opinions transmitted through social media [J]. Review of Financial Studies, 2014, 27 (5): 1367 ~1403.

[41] Chen N, Roll R, Ross S A. Economic forces and the stock market [J]. Journal of Business, 1986: 383 ~403.

[42] Chen X, Harford J, Li K. Monitoring: Which institutions matter? [J]. Journal of Financial Economics, 2007, 86 (2): 279 ~305.

[43] Chew S, Maccrimmon K. Alpha – nu choice theory: an axiomatization of expected utility [Z]. Working paper, University of British Columbia, 1979.

[44] Chew S H. Axiomatic utility theories with the betweenness property [J]. Annals of operations Research, 1989, 19 (1): 273 ~298.

[45] Cook D O, Kieschnick R, Van Ness R A. On the marketing of IPOs [J]. Journal of Financial Economics, 2006, 82 (1): 35 ~61.

[46] Corwin S A, Coughenour J F. Limited attention and the allocation of effort in securities trading [J]. The Journal of Finance, 2008, 63 (6): 3031 ~3067.

[47] Cross F. The behavior of stock prices on Fridays and Mondays [J]. Financial analysts journal, 1973, 29 (6): 67 ~69.

[48] Cutler D M, Poterba J M, Summers L H. What Moves Stock Prices? [J]. Journal of Portfolio Management, 1989, 15 (2) .

[49] Da Z, Engelberg J, Gao P. In search of attention [J]. The Journal of Finance, 2011, 66 (5): 1461 ~ 1499.

[50] Da Z, Gurun U G, Warachka M. Frog in the pan: Continuous information and momentum [J]. Review of Financial Studies, 2014, 27 (7): 2171 ~ 2218.

[51] Daniel K D, Hirshleifer D, Subrahmanyam A. Overconfidence, arbitrage, and equilibrium asset pricing [J]. The Journal of Finance, 2001, 56 (3): 921 ~ 965.

[52] Dasgupta S, Gan J, Gao N. Transparency, price informativeness, and stock return synchronicity: Theory and evidence [J], 2010.

[53] Davies P L, Canes M. Stock prices and the publication of second – hand information [J]. Journal of Business, 1978: 43 ~ 56.

[54] De Long J B, Shleifer A, Summers L H et al. Noise trader risk in financial markets [J]. Journal of Political Economy, 1990, 703 ~ 738.

[55] Dekel E. An axiomatic characterization of preferences under uncertainty: Weakening the independence axiom [J]. Journal of Economic theory, 1986, 40 (2): 304 ~ 318.

[56] Dellavigna S, Pollet J M. Investor inattention and Friday earnings announcements [J]. The Journal of Finance, 2009, 64 (2): 709 ~ 749.

[57] Demers E A, Vega C. Linguistic tone in earnings announcements: News or Noise? [J]. SSRN Working Paper Series, 2011.

[58] Demers E, Vega C. Soft information in earnings announcements: News or noise? [M]. Federal Reserve Board, 2008.

[59] Deutsch J A, Deutsch D. Attention: Some theoretical considerations [J]. Psychological review, 1963, 70 (1): 80.

[60] Diether K B, Malloy C J, Scherbina A. Differences of opinion and the cross section of stock returns [J]. The Journal of Finance, 2002, 57 (5): 2113 ~2141.

[61] Donders M W, Vorst T C. The impact of firm specific news on implied volatilities [J]. Journal of Banking & Finance, 1996, 20 (9): 1447 ~1461.

[62] Dougal C, Engelberg J, Garcia D et al. Journalists and the stock market [J]. Review of Financial Studies, 2012, 25 (3): 639 ~679.

[63] Dyck A, Zingales L. The media and asset prices [Z] .2003.

[64] Easley D, O'Hara M. Information and the cost of capital [J]. The journal of Finance, 2004, 59 (4): 1553 ~1583.

[65] Elyasiani E, Jia J J, Mao C X. Institutional ownership stability and the cost of debt [J]. Journal of Financial Markets, 2010, 13 (4): 475 ~500.

[66] Engelberg J E, Parsons C A. The causal impact of media in financial markets [J]. The Journal of Finance, 2011, 66 (1): 67 ~97.

[67] Engelberg J E, Reed A V, Ringgenberg M C. How are shorts informed? Short sellers, news, and information processing [J]. Journal of Financial Economics, 2012, 105 (2): 260 ~278.

[68] Eysenck M. Attention and arousal: Cognition and performance [M]. Springer Science & Business Media, 2012.

[69] Fama E F. The behavior of stock – market prices [J].

The Journal of Business, 1965, 38 (1): 34 ~105.

[70] Fama E F, Fisher L, Jensen M C et al. The adjustment of stock prices to new information [J]. International economic review, 1969, 10 (1): 1 ~21.

[71] Fama E F, French K R. The cross – section of expected stock returns [J]. The Journal of Finance, 1992, 47 (2): 427 ~465.

[72] Fama E F, French K R. Common risk factors in the returns on stocks and bonds [J]. Journal of financial economics, 1993, 33 (1): 3 ~56.

[73] Fama E F, French K R. Business conditions and expected returns on stocks and bonds [J]. Journal of Financial Economics, 1989, 25 (1): 23 ~49.

[74] Fang L, Peress J. Media coverage and the cross – section of stock returns [J]. The Journal of Finance, 2009, 64 (5): 2023 ~2052.

[75] Fox M B, Glosten L R, Tetlock P C. Short selling and the news: A preliminary report on an empirical study [J]. Columbia Law and Economics Working Paper, 2010 (364) .

[76] Friedman M. The case for flexible exchange rates [J]. 1953.

[77] Froot K A, Dabora E M. How are stock prices affected by the location of trade? [J]. Journal of Financial Economics, 1999, 53 (2): 189 ~216.

[78] Garcia D. Sentiment during recessions [J]. The Journal of Finance, 2013, 68 (3): 1267 ~1300.

[79] Garcia D, Sangiorgi F. Information sales and strategic trading [J]. Review of Financial Studies, 2011, 24

(9): 3069 ~ 3104.

[80] Gillan S L, Starks L T. Corporate governance proposals and shareholder activism: The role of institutional investors [J]. Journal of Financial Economics, 2000, 57 (2): 275 ~ 305.

[81] Gul F. A theory of disappointment aversion [J]. Econometrica: Journal of the Econometric Society, 1991: 667 ~ 686.

[82] Gurun U G, Butler A W. Don't believe the hype: Local media slant, local advertising, and firm value [J]. The Journal of Finance, 2012, 67 (2): 561 ~ 598.

[83] Harris L, Gurel E. Price and volume effects associated with changes in the S&P 500 list: New evidence for the existence of price pressures [J]. The Journal of Finance, 1986, 41 (4): 815 ~ 829.

[84] Harrison J M, Kreps D M. Speculative investor behavior in a stock market with heterogeneous expectations [J]. The Quarterly Journal of Economics, 1978: 323 ~ 336.

[85] Hirshleifer D, Hong Teoh S. Herd behaviour and cascading in capital markets: A review and synthesis [J]. European Financial Management, 2003, 9 (1): 25 ~ 66.

[86] Hong H, Lim T, Stein J C. Bad news travels slowly: Size, analyst coverage, and the profitability of momentum strategies [J]. The Journal of Finance, 2000, 55 (1): 265 ~ 295.

[87] Hong H, Stein J C. A unified theory of underreaction, momentum trading, and overreaction in asset markets [J]. The Journal of Finance, 1999, 54 (6): 2143 ~ 2184.

[88] Huberman G, Regev T. Contagious speculation and a cure for cancer: A nonevent that made stock prices soar [J]. The Journal

of Finance, 2001, 56 (1): 387 ~ 396.

[89] Jegadeesh N, Titman S. Returns to buying winners and selling losers: Implications for stock market efficiency [J]. The Journal of Finance, 1993, 48 (1): 65 ~ 91.

[90] Jensen M C. Toward a Theory of the Press [M]. Springer, 1979: 267 ~ 287.

[91] Jensen M C, Black F, Scholes M S. The capital asset pricing model: Some empirical tests [J] . 1972.

[92] Jin L, Myers S C. R 2 around the world: New theory and new tests [J]. Journal of Financial Economics, 2006, 79 (2): 257 ~ 292.

[93] Joe J R, Louis H, Robinson D. Managers' and investors' responses to media exposure of board ineffectiveness [J]. Journal of Financial and Quantitative Analysis, 2009, 44 (03): 579 ~ 605.

[94] Kahneman D. Attention and effort [M]. Citeseer, 1973.

[95] Kahneman D, Tversky A. Prospect theory: An analysis of decision under risk [J]. Econometrica: Journal of the Econometric Society, 1979: 263 ~ 291.

[96] Kim Y H, Meschke F. CEO interviews on CNBC [C] . 2011.

[97] Klibanoff P, Lamont O, Wizman T A. Investor reaction to salient news in closed - end country funds [J]. The Journal of Finance, 1998, 53 (2): 673 ~ 699.

[98] Lakonishok J, Shleifer A, Vishny R W. The impact of institutional trading on stock prices [J]. Journal of Financial Economics, 1992, 32 (1): 23 ~ 43.

[99] Lamont O A, Thaler R H. Can the market add and sub-

tract? Mispricing in tech stock carve - outs [Z]. National bureau of economic research, 2001.

[100] Lee C, Shleifer A, Thaler R H. Investor sentiment and the closed - end fund puzzle [J]. The Journal of Finance, 1991, 46 (1): 75 ~ 109.

[101] Lee D W, Liu M H. Does more information in stock price lead to greater or smaller idiosyncratic return volatility? [J]. Journal of Banking & Finance, 2011, 35 (6): 1563 ~ 1580.

[102] Li J, Yu J. Investor attention, psychological anchors, and stock return predictability [J]. Journal of Financial Economics, 2012, 104 (2): 401 ~ 419.

[103] Loh R K. Investor inattention and the underreaction to stock recommendations [J]. Financial Management, 2010, 39 (3): 1223 ~ 1252.

[104] Loomes G, Sugden R. Regret theory: An alternative theory of rational choice under uncertainty [J]. The Economic Journal, 1982, 92 (368): 805 ~ 824.

[105] Lorenzoni G. News and aggregate demand shocks [J]. Annu. Rev. Econ, 2001, 3 (1): 537 ~ 557.

[106] Lumsdaine R L. What the market watched: Bloomberg news stories and bank returns as the financial crisis unfolded [J]. Available at SSRN 1482019, 2010.

[107] Malkiel B G, Fama E F. Efficient capital markets: A review of theory and empirical work [J]. The Journal of Finance, 1970, 25 (2): 383 ~ 417.

[108] Markowitz H. The utility of wealth [J]. The Journal of Political Economy, 1952. 151 ~ 158.

[109] Mehra R, Prescott E C. The equity premium: A puzzle [J]. Journal of Monetary Economics, 1985, 15 (2): 145 ~ 161.

[110] Merton R C. A simple model of capital market equilibrium with incomplete information [J]. The Journal of Finance, 1987, 42 (3): 483 ~ 510.

[111] Merton R C. An intertemporal capital asset pricing model [J]. Econometrica: Journal of the Econometric Society, 1973: 867 ~ 887.

[112] Miller E M. Risk, uncertainty, and divergence of opinion [J]. The Journal of Finance, 1977, 32 (4): 1151 ~ 1168.

[113] Mullainathan S, Shleifer A. The market for news [J]. American Economic Review, 2005: 1031 ~ 1053.

[114] Nguyen B D. Is more news good news? Media coverage of CEOs, firm value, and rent extraction [J]. Quarterly Journal of Finance, 2015, 5 (04): 1 ~ 38.

[115] Niederhoffer V. The analysis of world events and stock prices [J]. Journal of Business, 1971, 193 ~ 219.

[116] Nofsinger J R. The impact of public information on investors [J]. Journal of Banking & Finance, 2001, 25 (7): 1339 ~ 1366.

[117] Norman D A. Memory and attention [M]. John Wiley and Sons, 1976.

[118] Pang B, Lee L, Vaithyanathan S. Thumbs up, sentiment classification using machine learning techniques [C]. Association for Computational Linguistics, 2002: 79 ~ 86.

[119] Peress J. The media and the diffusion of information in financial markets: Evidence from newspaper strikes [J]. The Journal

of Finance, 2014, 69 (5): 2007 ~ 2043.

[120] Pinto C. The Role of Media in Share Repurchases [J]. 2015.

[121] Porta R L, Lakonishok J, Shleifer A et al. Good news for value stocks: Further evidence on market efficiency [J]. The Journal of Finance, 1997, 52 (2): 859 ~ 874.

[122] Riordan R, Storkenmaier A, Wagener M et al. Public information arrival: Price discovery and liquidity in electronic limit order markets [J]. Journal of Banking & Finance, 2013, 37 (4): 1148 ~ 1159.

[123] Robertson S E, Walker S, Jones S et al. Okapi at TREC -3 [J]. NIST SPECIAL PUBLICATION SP, 1995 (109): 109.

[124] Ross S A. The arbitrage theory of capital asset pricing [J]. Journal of Economic Theory, 1976, 13 (3): 341 ~ 360.

[125] Rozeff M S, Kinney W R. Capital market seasonality: The case of stock returns [J]. Journal of Financial Economics, 1976, 3 (4): 379 ~ 402.

[126] Ryan P, Taffler R J. Are Economically Significant Stock Returns and Trading Volumes Driven by Firm – specific News Releases? [J]. Journal of Business Finance & Accounting, 2004, 31 (1 ~ 2): 49 ~ 82.

[127] Scheinkman J A, Xiong W. Overconfidence and speculative bubbles [J]. Journal of political Economy, 2003, 111 (6): 1183 ~ 1220.

[128] Schmitz P. The role of media coverage in the information diffusion process in the stock market [J]. 2008.

[129] Shanken J. Multi – Beta CAPM or Equilibrium – APT? A

Reply [J]. The Journal of Finance, 1985, 40 (4): 1189 ~ 1196.

[130] Shiller R J. The use of volatility measures in assessing market efficiency [J]. The Journal of Finance, 1981, 36 (2): 291 ~ 304.

[131] Shleifer A. Do demand curves for stocks slope down? [J]. The Journal of Finance, 1986, 41 (3): 579 ~ 590.

[132] Shleifer A, Vishny R W. The limits of arbitrage [J]. The Journal of Finance, 1997, 52 (1): 35 ~ 55.

[133] Sias R W. Volatility and the institutional investor [J]. Financial Analysts Journal, 1996, 52 (2): 13 ~ 20.

[134] Solnik B H. Testing international asset pricing: Some pessimistic views [J]. The Journal of Finance, 1977, 32 (2): 503 ~ 512.

[135] Suleman M T. Stock market reaction to good and bad political news [J]. Asian Journal of Finance & Accounting, 2012, 4 (1): 299 ~ 312.

[136] Takeda F, Yamazaki H. Stock price reactions to public TV programs on listed Japanese companies [J]. Economics Bulletin, 2006, 13 (7): 1 ~ 7.

[137] Tetlock P C. Giving content to investor sentiment: The role of media in the stock market [J]. The Journal of Finance, 2007, 62 (3): 1139 ~ 1168.

[138] Tetlock P C. Does public financial news resolve asymmetric information? [J]. Review of Financial Studies, 2010, 23 (9): 3520 ~ 3557.

[139] Tetlock P C. All the news that's fit to reprint: Do investors react to stale information? [J]. Review of Financial Studies, 2011, 24 (5): 1481 ~ 1512.

[140] Tetlock P C, Saar Tsechansky M, Macskassy S. More than words: Quantifying language to measure firms' fundamentals [J]. The Journal of Finance, 2008, 63 (3): 1437 ~ 1467.

[141] Tversky A, Kahneman D. Advances in prospect theory: Cumulative representation of uncertainty [J]. Journal of Risk and Uncertainty, 1992, 5 (4): 297 ~ 323.

[142] Vega C. Stock price reaction to public and private information [J]. Journal of Financial Economics, 2006, 82 (1): 103 ~ 133.

[143] Veldkamp L L. Media frenzies in markets for financial information [J]. The American Economic Review, 2006: 577 ~ 601.

[144] Veronesi P. Stock market overreactions to bad news in good times: a rational expectations equilibrium model [J]. Review of Financial Studies, 1999, 12 (5): 975 ~ 1007.

[145] Von Neumann J, Morgenstern O. Theory of games and economic behavior [M]. Princeton university press, 2007.

[146] Wurgler J, Zhuravskaya E. Does Arbitrage Flatten Demand Curves for Stocks? [J]. The Journal of Business, 2002, 75 (4): 583 ~ 608.

[147] Yan X S, Zhang Z. Institutional investors and equity returns: Are short - term institutions better informed? [J]. Review of Financial Studies, 2009, 22 (2): 893 ~ 924.

[148] 薄仙慧，吴联生．国有控股与机构投资者的治理效应：盈余管理视角 [J]．经济研究，2009 (2)：81 ~ 91.

[149] 陈小林，孔东民．机构投资者信息搜寻，公开信息透明度与私有信息套利 [J]．南开管理评论，2012 (1)：

113 ~ 122.

［150］陈卓思，高峰，祁斌．机构投资者交易行为特征研究［J］．金融研究，2008（4）：122 ~ 130.

［151］醋卫华，李培功．媒体监督公司治理的实证研究［J］．南开管理评论，2012（1）：33 ~ 42.

［152］戴亦一，潘越，陈芬．媒体监督，政府质量与审计师变更［J］．会计研究，2013（10）：89 ~ 95.

［153］戴亦一，潘越，刘思超．媒体监督，政府干预与公司治理：来自中国上市公司财务重述视角的证据［J］．世界经济，2011（11）：121 ~ 144.

［154］贺建刚，魏明海，刘峰．利益输送，媒体监督与公司治理：五粮液案例研究［J］．管理世界，2008（10）：141 ~ 150.

［155］侯宇，叶冬艳．机构投资者，知情人交易和市场效率——来自中国资本市场的实证证据［J］．金融研究，2008（4）：131 ~ 145.

［156］黄俊，陈信元．媒体报道与 IPO 抑价——来自创业板的经验证据［J］．管理科学学报，2013，16（2）：83 ~ 94.

［157］黄俊，郭照蕊．新闻媒体报道与资本市场定价效率——基于股价同步性的分析［J］．管理世界，2014（5）：121 ~ 130.

［158］孔东民，柯瑞豪．谁驱动了中国股市的 PEAD？［J］．金融研究，2007（10A）：82 ~ 99.

［159］赖步连，杨继东，周业安．异质波动与并购绩效——基于中国上市公司的实证研究［J］．金融研究，2006（12）：126 ~ 139.

［160］李培功．媒体报道偏差的经济学分析［J］．经济学动

态，2003（4）：145～152.

［161］李培功，沈艺峰．经理薪酬、轰动报道与媒体的公司治理作用［J］．管理科学学报，2013，16（10）：63～80.

［162］李培功，沈艺峰．媒体的公司治理作用：中国的经验证据［J］．经济研究，2010（4）：3.

［163］李焰，秦义虎．媒体监督、声誉机制与独立董事辞职行为［J］．财贸经济，2011（3）：36～41.

［164］李焰，王琳．媒体监督、声誉共同体与投资者保护［J］．管理世界，2013（11）：130～143.

［165］李争光，赵西卜，曹丰等．机构投资者异质性与会计稳健性——来自中国上市公司的经验证据［J］．南开管理评论，2015，18（3）：111～121.

［166］梁红玉，姚益龙，宁吉安．媒体监督、公司治理与代理成本［J］．财经研究，2012（7）：90～100.

［167］罗进辉．媒体报道的公司治理作用——双重代理成本视角［J］．金融研究，2012（10）：153～166.

［168］罗进辉．媒体报道对权益成本和债务成本的影响及其差异——来自中国上市公司的经验证据［J］．投资研究，2012，31（9）：95～112.

［169］罗进辉，蔡地．媒体报道能够提高股价的信息含量吗?［J］．投资研究，2013（5）：38～53.

［170］罗进辉，杜兴强．媒体报道、制度环境与股价崩盘风险［J］．会计研究，2014（9）：53～59.

［171］吕敏康，冉明东．媒体报道影响审计师专业判断吗?——基于盈余管理风险判断视角的实证分析［J］．审计研究，2012（6）：82～89.

［172］牛建波，吴超，李胜楠．机构投资者类型，股权特

征和自愿性信息披露 [J]. 管理评论，2013，25 (3)：48～59.

[173] 权小锋，吴世农．投资者关注、盈余公告效应与管理层公告择机 [J]. 金融研究，2010 (11)：90～107.

[174] 权小锋，尹洪英，吴红军．媒体报道对 IPO 股价表现的非对称影响研究——来自创业板上市公司的经验证据 [J]. 会计研究，2015 (006)：56～63.

[175] 饶育蕾，彭叠峰，成大超．媒体注意力会引起股票的异常收益吗？——来自中国股票市场的经验证据 [J]. 系统工程理论与实践，2010 (2)：287～297.

[176] 谭松涛，崔小勇，孙艳梅．媒体报道、机构交易与股价的波动性 [J]. 金融研究，2014 (3)：180～193.

[177] 谭松涛，甘顺利，阚铄．媒体报道能够降低分析师预测偏差吗？[J]. 金融研究，2015 (5)：192～206.

[178] 唐松，孙铮．政治关联、高管薪酬与企业未来经营绩效 [J]. 管理世界，2014 (5)：93～105.

[179] 汪昌云，汪勇祥．资产定价理论：一个探索股权溢价之谜的视角 [J]. 管理世界，2007 (7)：136～151.

[180] 汪昌云，武佳薇．媒体语气、投资者情绪与 IPO 定价 [J]. 金融研究，2015 (9)：174～189.

[181] 汪昌云，武佳薇，孙艳梅等．公司的媒体信息管理行为与 IPO 定价效率 [J]. 管理世界，2015 (1)：118～128.

[182] 王化成，蒋艳霞，王珊珊等．基于中国背景的内部资本市场研究：理论框架与研究建议 [J]. 会计研究，2011 (7)：28～37.

[183] 王建新，饶育蕾，彭叠峰．什么导致了股票收益的“媒体效应”：预期关注还是未预期关注？[J]. 系统工程理论实践，2015，35 (1)：37～48.

[184] 王磊，赵婧，李捷瑜等．信息不确定、坏消息与投资者交易行为［J］．投资研究，2012（10）：123～140.

[185] 王亚平，刘慧龙，吴联生．信息透明度、机构投资者与股价同步性［J］．金融研究，2009（12）：162～174.

[186] 王咏梅，王亚平．机构投资者如何影响市场的信息效率——来自中国的经验证据［J］．金融研究，2011（10）：112～126.

[187] 吴超鹏，叶小杰，吴世农．媒体监督、政治关联与高管变更——中国的经验证据［J］．经济管理，2012（2）：57～65.

[188]［美］席勒著．廖理、施红敏译．非理性繁荣：Irrational exuberance［M］．中国人民大学出版社，2001.

[189] 熊艳，李常青，魏志华．媒体报道与 IPO 定价效率：基于信息不对称与行为金融视角［J］．世界经济，2014（5）：135～160.

[190] 徐永新，陈婵．媒体荐股市场反应的动因分析［J］．管理世界，2009（11）：65～73.

[191] 许年行，洪涛，吴世农等．信息传递模式、投资者心理偏差与股价"同涨同跌"现象［J］．经济研究，2011（4）：135～146.

[192] 许年行，于上尧，伊志宏．机构投资者羊群行为与股价崩盘风险［J］．管理世界，2013（7）：31～43.

[193] 严杰．证券词典［Z］．上海：复旦大学出版社 1993.

[194] 杨德明，林斌，辛清泉．盈利质量、投资者非理性行为与盈余惯性［J］．金融研究，2007（2）：122～132.

[195] 杨德明，赵璨．媒体监督、媒体治理与高管薪酬［J］．经济研究，2012（6）：116～126.

[196] 杨继东．媒体影响了投资者行为吗？——基于文献的一个思考［J］．金融研究，2007（11）：93～102.

[197] 游家兴，吴静．沉默的螺旋：媒体情绪与资产误定价［J］．经济研究，2012（7）：141～152.

[198] 于李胜，王艳艳．信息不确定性与盈余公告后漂移现象（PEAD）——来自中国上市公司的经验证据［J］．管理世界，2006（3）：40～49.

[199] 余峰燕，郝项超，梁琪．媒体重复信息行为影响了资产价格么？［J］．金融研究，2012（10）：139～152.

[200] 余玉苗，张建平，梁红玉．媒体监督影响审计师的审计意见决策吗？——来自中国证券市场的实证证据［J］．审计与经济研究，2013（1）：26～36.

[201] 俞庆进，张兵．投资者有限关注与股票收益——以百度指数作为关注度的一项实证研究［J］．金融研究，2012（8）：152～165.

[202] 张建平．媒体报道对资本市场的影响研究述评［J］．财会通讯：综合（下），2013（10）：113～116.

[203] 张建勇，葛少静，赵经纬．媒体报道与投资效率［J］．会计研究，2014（10）：59～65.

[204] 张维迎．博弈论与信息经济学［M］．2004.

[205] 张雅慧，万迪昉，付雷鸣．股票收益的媒体效应：风险补偿还是过度关注弱势［J］．金融研究，2011（8）：143～156.

[206] 张雅慧，万迪昉，付雷鸣．基于投资者关注的媒体报道影响投资行为的实验研究［J］．系统工程，2012，30（10）：19～27.

[207] 郑涛．2010．媒体报道与资本市场发展：［博士学位

论文］. 西南财经大学，2010.

［208］郑志刚，丁冬，汪昌云. 媒体的负面报道、经理人声誉与企业业绩改善——来自我国上市公司的证据［J］. 金融研究，2011（12）：163～176.

［209］左大勇，陆蓉. 理性程度与投资行为——基于机构和个人基金投资者行为差异研究［J］. 财贸经济，2013（10）：59～69.